顔のみえないデジタル社会

―戦場・生殖・学校から人が消える

佐久間孝正

東信堂

はじめに

本書は、現代社会で急速かつ劇的に変化している三つの領域、すなわちＡＩ（Artificial Intelligence, 人工知能。ＡＩと略）兵器、生殖補助医療（Assisted Reproductive Technology, ＡＲＴと略）、通信教育の分野を取り上げ、戦慄《せんりつ》する変貌の実際を明らかにしつつ、われわれの社会がどこに向かっているのかを、従来の社会系の概念で問いただすものである。

現代社会で進行している変化を、従来の社会系の概念で捉え直す場合、真っ先に浮かぶのが、「人格化」と「物象化」をめぐる理論である。この概念は、産業革命以降、日に日に高まる工業化、技術化、都市化を眼前に、将来社会がこれまでの社会とはまるで異なる家族関係、人間関係、社会関係におおわれることに関する警告であった。

これらの概念を使用し人間の未来に警告を発した当時の思想家からすれば、われわれが生きるハイテク・デジタル社会は、まさにかれらの警告のまっただなかにあるが、近年のこの三分野に象徴的に現れている現実は、その度合いを一層深め、現実に適応するためこれまでの人間の倫理や観念そのものに変更を迫るほどのものである。

軍事の無人化・レーザー化、医療のＡＩ化、教育の電子化等、急速に進む各分野の革新は、過去のいかなる時代以上に人と人との関係、社会の在り方を変える。日本版ソサイエティ5.0（後述）が目指す、フィジカル空間とサイバー空間の統合も実現の暁には、リアルな人がみえなくなる、いなくなる、いや必要ともされない社会の到来を暗示させる。

あらためて人類とは、あるいは社会とは、どこに向かっているのか、問わざるを得ない。その際、これまでの古典的な概念に固執するのは、現代人の直面している課題が、過去の概念でも説明可能なことを示すためではない。それだけなら、それぞれの専門分野で警告されている問題点を確認するので十分である。むしろ先人たちと同じ概念を使用するのは、かれらの警告の歴史性、重要性を担保しつつ、さらには現代がいっそう複雑にして、これまで経験しなかった未曽有の段階に上り詰めていることに覚醒するためである。

あらかじめ一言、本書の構成についてふれておく。いつの時代も社会とは、人と人との諸関係からなるが、人間はモノ、とくに道具を作る動物であるがゆえに、使用する道具の日々の革新によりこの人をとりまく環境は変化し、やがてはこれらの諸関係から人そのものがみえなくなる、必要ともされない、それでも社会は維持できる「デジタル無人化時代」を迎えつつある。

それぞれの章は、独立の構成をなしており、一章が、本書の執筆を思い立った意図に関する部分である。これを現代社会の三つの領域、近代戦争、生殖補助医療、通信教育を典型に、「兵士のいない戦場」、「親の不透明な生殖医療」、「人の香りがしない学校」として、直面している課題を具体的に示した。

各領域とも最高度に発展した科学技術により、当事者のみえない、必要ともされない場と化しつつある姿が描かれる。最終章は、こうした傾向を内包する人類社会がどこに向かっているのかを示そうとしている。それだけに、どこから読んでもかまわない。

ただ一章の2節「物象化とは何か――マルクス、ジンメル、ウェーバー」は、本書の全編を貫く問題意識に関する部分で、近代の黎明期以降、どのような社会思想家との対話から着想を得たものかを示したものだが、筆者にとっては重要でも、一般の方には退屈と思われる。人格化、物象化に関する抽象的な社会学史上の関連を扱っており、生硬さもぬぐい切れていない。初めての方は、この部分をとばして読んでかまわない。

そのうえで、はじめにお許し願いたいことがある。ＡＩ兵器と通信教育の世界を物象化・非人格化論で捉えることは、それなりに社会科学で意味があり必要に思う。しかし生殖補助医療の世界となると、同じ概念でどこまで本質に迫り、かつ有用か自信がない。それ以上に、その生に苦しみ、いまなお混乱の渦中にある当事者の慟哭《どうこく》を思うと、精子や卵子を一時的にも「モノ」としてとらえる視点にやりきれない思いを禁じえない。

分析方法が、当事者への偏見や差別、苦痛を拡大するものであってはならない。しかし、AIにも通信技術とも共通する視点との関係上、授精の領域のみ異なる概念を使用することは不可能であった。ここで展開される物象化の視点は、あくまでも分析上の概念として、当事者の方を含め大方のご理解とご寛恕《かんじょ》をお願いする次第である。

なお、表題は既出の通りであるが、三章などの人の誕生に関する箇所は、ハイテクを補って、「顔のみえないハイテク・デジタル社会」として読んでいただければ幸いである。

目次／顔のみえないデジタル社会——戦場・生殖・学校から人が消える

顔のみえないデジタル社会

――戦場・生殖・学校から人が消える

一章　問題の所在

1節　現代とはどんな時代か

社会科学の概念で問いただす

精神と技術、倫理と科学の不均等な発展が、いわば法則とも化す形で社会のあらゆる領域で、深く静かに進行している。すなわち技術は、刻一刻と変化、発展しているのに、人間の精神は古代とそれほど変わらない、近年の先端技術の進歩に、人間の倫理が追いつかない、追いつけない事態の進行である。

本書は、こうした状況をもっとも端的に示すＡＩ領域、生殖補助医療（ＡＲＴ）、そして通信教育の三分野を取り上げ、これらの現象に通底している基本傾向を従来の社会科学の基本概念である人格化・物象化概念で問いただすことを目的とする。人類史を通奏《つうそう》低音の如く貫徹する人格化・物象化という、近代社会科学者によりつかみ取られた歴史の深層をえぐる概念が、近年の先端技術の分析・理解にも有効とみている。

歴史の進行に伴い、科学もまた専門的に分化するのは必然である。しかし分化が進めば進むほど、人間関係の希薄化、非人格化も進む。現在進行しているAIや生命科学、通信教育の諸部門の変化をどう解すべきか、自分がこれまで身を置いてきた社会科学の領域による専門用語で理解するとどうなるのか。

かつて神学者の土井健司は、クローン胚をめぐるある鼎談《ていだん》のなかで、これを「人文系の言葉」で語るとどうなのかと、問われたことがある(島薗、176)。筆者はここで取り上げた三領域を、自分により身近な社会系の概念で捉え直してみたい。本書は、それを試そうとするものである。

人と人との諸関係の総体としての社会

社会とは、人と人との関係からなる。社会とは、人と人との社会的諸関係の総体である。社会のなかで人は、単なる人としては存在しない。ある人は、どこかの家族の一員として、また他の人は、学校や職場の一員として、具体的な関係性を帯びた集団なり組織の一員として生きている。すなわち人は、家族や集団、組織の一員として具体的な諸関係の一人として他者に向き合う。他者にもまったく同じことがいえるので、かくて社会とは、人と人との社会的諸関係の総体といえる。

人と人との諸関係は、同じ空間に属している者どうしとは限らない。こんにち人は、メールやスマホなどさまざまなツールで結びつきつつ、その場を共有する者とも関係している。歩きながらでも、仕事中も、車中でも、異次元・異空間の人々と平面的にも立体的にも重畳的に結びつく諸関係の産物である。

ところが近代以降、この人と人の関係が、人とモノとの、モノと人との、モノとモノとの関係に置き換えられつつある。

車の運転を例にとろう。車の扱いは、人を表すといわれる。いつも冷静・沈着な人、乱暴な人など、車の運転は人格を表す。路上の車は、待つときもすれ違うときも、車というモノの背後の人格の交差である。しかし近い将来、多くの車の運転が、ＡＩにとってかわられたとき、車と車の関係は無数に解析されたデータの交流であり、人格の交差ではない。どの人が行っても、個人差のない運転となる。すでに一部で実用化されている、ロボットによるホテルや路上配達、それを受け取る側もロボットやそれに代わるものとなれば、モノとモノとも交流は、さらに普遍化するだろう。

もう一つ例にとる。人類固有の願いは、時間と空間の制限をどう克服するかである。夏目漱石がイギリス留学に出発したのは一九〇〇年九月八日である。横浜港から船に乗り、東シナ海を南下し、インド洋、地中海を通ってナポリに着いたのは、一〇月八日であった。それからジェノバ経由でパリに行き、万博を見物し、目的地ロンドンに着いたのは、一〇月二八日である。万博見学や列車の旅が混じっているのでそれを差し引いても、一二〇年前は、ロンドンまで一か月以上かかっている。

しかし現在は、飛行機の登場によりダイレクトで一二時間余となった。時間の制限は、新しい輸送技術の開発により、極限にまで短縮されている。

空間の制限はどうか。一見すると、日本とイギリスの空間上の距離は、埋めようがない。現在のロンドンの街並みを体験するには、一二時間かけても現地に行くしかない。ところが、遠隔存在ともいわれるテレイグジスタンスの技術とバーチャルテレポーションの操作により(廣瀬, 84)、ユーザーが瞬時のうちに、遠隔操作ロボットの力を借りて直接出向かなくとも、自分がロンドンの街並みを歩いているかの疑似体験の可能な時代を迎えている。いわゆる分身ロボット、アバターの登場である。

こうして遠隔操作されているロボット、アバターが、ロンドンの街並みを闊歩《かっぽ》するなら、これまでは困難な空間上の差も、克服可能になる。そのうえ、いくつかのこうした使命を帯びたロボットが登場すれば、人との接触が生じ、同じく他人のユーザーの使命を担ったロボットどうしの交差・交流も発生する。人と人との交差から、人とモノとの、モノと人との交差・交流のみならず、アバターどうしの、モノどうしの交差・交流も起きる。

移動しないアバターなら、足の不自由な人や密を避けつつ演奏会を楽しみたい人のＯｒｉ《オリ》Ｈｉｍｅ《ヒメ》の利用・活用も進む。演奏会の客席にＯｒｉＨｉｍｅを置けば、病院や家庭にいながら会場のなまの雰囲気、立体感が楽しめる（「不要不急と呼ばれて⑶客席のロボット、私の分身」『日経新聞』二〇二一年四月七日）。こうしたアバターは、高齢者やしょうがい者、体の不自由な人には、なくてはならないものになりつつある。国立研究開発法人科学技術振興機構（以下、科学技術振興機構と略）が掲げるムーンショット目標（Moonshot，後述）も、こうした構想の延長に広がる。

近い将来、社会は人と人のみならず、自立したモノとモノとの交差・交流が不可避となる。社会学とは、「社会的行為を解明しつつ理解し、その経過と結果を因果的に明らかにする学問」のことだとは、有名な社会学の定礎者ウェーバーの定義である。これは、しばしば行為者の意味理解の方法とも呼ばれた。ところが、ＡＩには「意味理解が不可能」ともいわれる。ＡＩが従うのは、意味を理解してではなく、人間の与えたデータ、「教師データ」(新井、107)に対してといわれる。

　意味理解の方法の及ばないモノとの交差なり、交流となると、未来に待ち受けるのは、社会学の崩壊とも思われるが、それ以上に進行するのは社会それ自体が、人と人との諸関係からモノとモノとの諸関係の総体に置き代わることだろう。

　その点で今後問われる共存とは、人と人ではなく、国民と外国人でもなく(これらはむしろ当然となり)、人とロボットなり、人と特殊な意味で分身ともなるアバター、モノとの共存の時代である。それも場合によっては後にみるが、自分の生得的な自然の身体的諸器官と、一部置換したモノとしての諸器官も含めた共生・共存の時代である。

　人と人との関係が、やがてモノとモノとの関係に転化する事態を資本主義時代の特殊な現実として告発したのは、マルクスである。しかし物象化を、人類史を貫く歴史貫通的な現象とみる筆者の視点からは、物象化を資本主義社会固有の現象とみるのは狭い。むしろ資本主義社会を一典型とする、ハイテク電子産業時代の共通の現象である。この点で物象化を、歴史貫通的にとらえたジンメルやウェーバーの見方が、大いに参考になる。

モノ作りホモ・ファーベルの宿命

人間はモノをつくる動物といわれる。ホモ・ファーベルとしての人間である。しかし、これらの規定だけでは不十分である。人間は、人間をもつくる動物である。将来、人間は、自身の身体や悪い諸器官の治癒・更新を試みる過程で、身体そのものも機械の部品交換のようになり、一部は非自然的な人工の諸部品・加工物からもなるようになる。サイボーグとしての人体である。

このテーマの重要な論点は、物象化が、資本主義特有の現象ではなく、人類史を貫通する普遍的現象であるのみならず、自然現象、自然科学をも巻き込む広い概念であること、その意味で科学が、いまだかつてたどり着いたことのない領域にまで踏み込んだ極限としての合理化なり、専門技術者、すなわちテクノロジー、テクノクラートの支配する管理社会論と連なる。

その意味では管理を通り越し、監視・透視社会化とも重なる。医療技術による物象化の動きは、社会体制のいかんを問わない。それどころか自然科学の領域をも巻き込む説明原理ですらある。したがって、パラダイム転換をも含む。以下の事例からも知れるように、生殖革命などをも物象化の事例にあげるのは、社会現象に限らず一部、自然科学にも適用可能との判断にもよる。

マルクスは、労働を人間の本質的な活動とみた。労働こそが人間を他の動物と決定的に異なる存在にしたのである。マルクスが、人間の労働を動物のそれと区別したのは、二点、一つは、人間の労働は、最初に目的があり、その目的実現のために行動がなされる。二つは、その目的実現のため、道具を使用することだ。

動物の仕事、活動は、何千年の長きにわたり変化しないのに、人間の活動、労働は、道具の改良により刻一刻と変化する(ア・ア・クージン、16)。人間の労働は、道具を使用し、この道具が刻一刻と変化するゆえに、人間の活動や他者との関係は、道具の改良とともに変わる。かつ多くの思想家が警告したように、道具は、あるレベルに達すると人間の手を離れ、道具自身に内在する固有の合理性を追求する。すなわち技術独自の固有法則性(Eigengesetzlichkeit)、計算可能性(Berechenbarkeit)にもとづいて、研究・開発は行われる。医療技術も、医療分野独自の規則性、法則を追求する。技術は、医者の手を離れる。

2節　「物象化」とは何か――マルクス、ジンメル、ウェーバー

物象化論をめぐる歴史

物象化とは何か。近年は、社会の変化があまりに速く、過去の中心概念もたちどころに化石化してしまう。物象化論もその一つである。ヘーゲル以降、一九世紀に光彩を放って登場した

物象化概念も、二〇世紀半ばともなると色あせた。これは正確にいえば、時代の変化が早く、次々に新たな問題が提起されるからでもある。

しかし、ある時代の中心を占めた理論は、次の局面を分析するにも重要な礎石となる。目の前の新しい現象は、現実に先行したものから生まれる。その先行した現象分析の概念は、新たな課題解明にも光彩を放つことが多い。物象化論は、こんにちの時代にこそ新たな社会的現実のなかで、豊饒化されていかなければならない。

二〇世紀中頃、物象化概念を再生させたのは、ルカーチである。『歴史と階級意識』の第四章は、「物象化とプロレタリアートの意識」と題され、一方でマルクスの『経済学批判』と『資本論』を貫くものが、物象化をめぐる問題であることを指摘する。他方では、ウェーバーの影響を受けつつ、当時テーラーシステムで確証されつつあった資本主義的合理性の本質が、形式的合理性にあり、支配構造や組織の機能分化、専門化、官僚制化となって現れることを指摘した。

資本主義「経済」も「国家」も、ともに「経営」として形式的に合理化されて、物象化されていく。高度に発展した産業社会の経済や国家を、ともに「一定種類の持続的な目的行為」（ウェーバー、1971, 160）としての経営概念で捉えるあたり、当時のルカーチのウェーバーによる並々ならぬ影響がみて取れる。その際ルカーチは、物象化を二様に定義する。

一つは、物象化とは人と人との関係がモノとモノとの関係になること、すなわち近代社会が物象性に覆われること(ルカーチ、162)、もう一つは、人は資本主義の下で感情も含めてモノ化すること、非人間化することである(同、249)。商品関係が、生活のすみずみにまで行きわたる資本主義社会、そのような社会の本質をモノとモノとの関係にみるなかには、マルクスの影響がみてとれるが、そのような社会到来の前提に形式合理性と機能の専門分化をみるなかには、ウェーバーの圧倒的な影響もみてとれる。

資本主義の発展が、手工業から協業、マニュファクチュアそして機械制大工業へと進むまさにその労働過程のなかに物象化と同時に合理化の本質をみ、同時にこの過程が資本による計算可能性の増大を高めつつ、商品のみならず労働過程にたずさわる人間の魂、すなわち人格の物象化をも例外とはしないとするなかに、ルカーチのマルクスと同じくウェーバーにも相つうじる歴史認識をみる(同、168-9)。

ルカーチの『歴史と階級意識』は、ウェーバーの合理性概念に依拠したマルクス歴史理論の再構成ともいえるもので、のちに資本主義社会の矛盾の具体的な止揚《しよう》(乗り越え)をプロレタリアートの実践意識(同、349)にもとめ、祖国ハンガリーの革命運動に身を投じたなかには、ルカーチ歴史理論の性急性もみられるが、マルクス『資本論』の本質をいち早く物象化にみた功績は大きい。

マルクスの物象化論

ルカーチの物象化論は、もちろんマルクスからきている。たしかに、物象化概念を近代社会解明の中心概念に措定したのはマルクスであり、かれにとり物象化は、資本主義的な商品の生産と交換の分析から生まれた。マルクスにとり、物象化概念はどのように捉えられたのか。人は、生きるためには、モノを作り出さなければならない。しかしモノを作り出しても、自分の作り出したモノだけで生活全般が維持されるわけではない。とくに近代市民社会では、各自の作り出したモノは交換されなければならない。この交換のメカニズムが、産業の発展により肥大化すればするほど、交換を規制する関係に従属せざるを得ない。交換関係を規制するものが資本であれば、近代市民社会のなかで人は、働けば働くほど自ら作り出した資本に従属せざるを得ない。

資本が巨大化すれば、交換もいっそう普遍化するが、市民社会のもとでの交換は、人と人との関係としては現れず、モノとモノ、モノと貨幣、貨幣と貨幣の交換としてしか現れない。市民社会のなかで繰り返されているのは、他者が必要とするモノを作り出した個人と、それを必要とする他者との人と人の出会いなのだが、貨幣というモノが媒介することにより、具体的な個人はみえなくなっている。

近代市民社会は、自立的な人間としての個人を生み出したはずなのだが、自分が作り出したモノを、交換せずには生存できないという近代市民社会の構造ゆえに、市民なり人は、交換を媒介する貨幣なり資本の社会関係の網の目に組み込まれて生きる以外に道はない。ここに、特定の人間性（人格性）が剝ぎとられ、自立的な人格が、事物的なモノに依存する仕組みがつかみ取られている。貨幣、より広くは、商品を通して交換により生きざるを得ない、近代市民社会の物象的な存立構造が描き出されている。

カント的人間論への批判

こうしたマルクスの物象化論の背後には、カントの人間論批判があったのではないか（田上、41）。例えばカントは、『道徳形而上学の基礎づけ』（光文社）に顕著なように、人格の規定を意志に基づいて行おうとした。カントはいとも簡単に定言命法、「人は……すべし」というが、そのように行為をしたくとも市民社会のなかには、本人の意思通りには行為できない力が働いている。

市民社会のシステムを、カントは重視しなかった。ヘーゲルもマルクスも、カント的なシステム抜きの人間論への批判があった。カントが、「意志の自律の原理」（カント、170）をいくら声高に叫ぼうにも、「自律の原理」を妨げるシステムが、市民社会にはうごめいている。

たしかにカントの本を読んでいると、人格も個的存在もすべて本人の自覚しだいに読める。しかし、ヘーゲルもマルクスも、市民社会において個的人格は、本人の意志以外のものにより規定される度合いの方が大きいとみた。有名なカントの命題、「人は手段とみなすべきではなく、いついかなる場合にも目的とみなせ」、すなわち「人間は、そして一般にすべての理性的な存在者は、それ自体が目的として現実存在するのであって、あれこれの意志のために任意に使用されるための単なる手段として現実存在するのではない。その行為がみずからに向けられる場合にもその他の理性的な存在者に向けられる場合にも、人間はつねに同時に目的としてみなさなければならない」（同、133）なる一言も、市民社会のシステムの理解を欠いては、道徳的なお説教に過ぎない。

カント、ヘーゲル、マルクス三者の感性の研《と》ぎ澄まされた青年期には、半世紀ずつの時間差があり、ヨーロッパは日に日に産業化の波に覆われていった。ヘーゲルやマルクスからすれば、カントはあまりに人間について論じること多く、産業や市民社会について論じること少ないと思われただろう。

廣松渉の物象化読解

物象化論に一時代を築いた廣松は、マルクスの物象化論には、以下の三つがあるという。

一つは、「人間そのものの〝物〟化」。これは人間が意欲し、自立した行動をとるのとは反対に、完全に意思のないモノと同じような存在と化すことである。廣松は、この例にあたかも商品のように売買される奴隷や機械の付属物のような人間の存在を挙げる。そこでは人権は存在せず、人は独立した人格としての行動が認められていない。

二つは、「人間の行動の〝物〟化」。ここで廣松が例に挙げたのは、しばしば出される、群衆に巻き込まれた人間の行動である。混雑した電車のなかや観客がいっせいに出口に押し寄せたときなど、人は群衆の流れに身を任せなければならない。こうしたときには、人は自由に自分の行動を制御できない。人の行動は、あたかも物のような凝固物と化す。

三つは、「人間の力能の〝物〟化」と呼んだものである。多分にこれはヘーゲルや初期マルクスに濃厚な思想であろうか。人間のさまざまな能力が投下され、出来上がった製品が独自の生命をもち、当の人間からは独立してくる事態である。もとは、人間の独自の能力の凝結したものであるが、自分の意のままにはならない自立性をもつことである。

しかしこのように解される物象化には、そこはかとなく、もともと人間が作り出したものなのに、そのモノが人間の手を離れて人間の意思には従わない、すなわち主体的なものが凝結し、客体となると、主体を拘束するようになるという疎外論的発想がうかがえ、廣松はそれでは、マルクスの物象化は解けないと考えた。

そこで出てきたのが、関係性の物象化という考えである。すなわち社会とは、人と人との諸関係の総体であるが、人どうしの繋がりはみえず、モノとモノとの関係としか現れない、現れても物性を帯びた形でしか繋がりがみえてこないという意味で、社会関係を物象化論を基軸にしてみる、という視点である。

廣松はいう。マルクスの物象化とは、「人と人との社会的関係が、〃物と物との関係〃ないし、〃物の具えている性質〃ないしはまた〃自立的な物象〃の相で現象する事態、かかる事態が物象化という詞で指称されていることまでは容易に認められる」(廣松、95)と。

こうした言説から判断すると、廣松にとり物象化とは、前半の議論に明らかなように、人が人でありながら自分の意思通りには動けない、あたかもモノであるかのような、その意味で物化としての意味と、後半の議論に顕著なように関係性に重心をおいた、人・人関係の事物性、すなわち物象化に力点を置く二様の意味が含まれている、と捉えることもできよう。

いろいろ解釈はあろうけれど、本書の主題は、廣松の物象化論を明らかにすることではないので、これ以上は立ち入らない。ただマルクスの物象化論の神髄は、廣松にとり、人と人との自律的な関係性が、固有の人格性を剥ぎとられ、モノとモノとの関係態へと変形・転化すると捉えられた点に注目したい。

現在、例えば日に日に革新を続ける生殖医療——正確には生殖補助医療は、医療の領域を超えて家族関係、人間関係の在り方をも変えつつあるが、一群の問題性は、この社会科学的概念でどこまで解析、かつ説明可能だろうか。

ジンメルの物象化論

では、ジンメルの物象化論は、どのような文脈で語られているのか。一九〇〇年の『貨幣の哲学』と一九〇八年の『社会学』からそれぞれ若干の例を引用する。

ジンメルは、貨幣の本質を人間と人間の結合様式にみた。先に結論的なことを述べれば、マルクスが貨幣の否定的側面に注目したとすれば、ジンメルは貨幣のもつ積極面に注目する。別にいえば、物象化の象徴としての貨幣と相互行為のシンボルとしての貨幣である。

「貨幣はまったくの社会学的な現象、人間のあいだの相互作用の形式であるから、社会的な結合が緊密になり信頼され快適になればなるほど、貨幣の性質はますます純粋に現れる」(ジンメル、1999, 162.s.156〔以下、sは、原文のページをさす〕)。貨幣とは、ジンメルにとり宗教なり神と同じである。同じ神につかえ、信頼されればされるほど、その輪はますます拡大し、より強固なものとなる。

ただし人間が、ある具体的なモノと異なる他のモノを等しいとみるようになるには、長期にわたる抽象能力の発展を必要とした。宗教も同じである。崇拝すべき対象も、日常的な規制も、約束される啓示も異なるにもかかわらず、宗教として独自の神と契約が成立し、信頼に耐えうるようになるには、長期の経験を必要としたのである。

しかし貨幣がより力を発揮し、強力なものとなり、「人間と事物のあいだに入ること」になれば、一方では過去の時代のような特定の人間やモノからの支配を免れ自由になる確率も高まるが、他方では、「生のすべての事実内容(Sachgehalt des Lebens)は、ますます事実的になり非個人的(sachlicher und unpersönlicher,「物象的かつ非人格的」に同じ――筆者注。同、528.s.532)」なものになる。

すなわち、ジンメルはここで明らかに、マルクスと同じく、貨幣が人間関係のなかに割り込む頻度が高まれば高まるほど、人々の関係を「物象的(sachlicher)」かつ即物的なモノ関係とし、非人格的なものとする事態を嗅ぎとっている。

sachlich《ザッハリッヒ》とは、文脈に応じてさまざまな意味の含まれる概念である。手元にある言語関係の出版で定評あるランゲンシャイトの独英辞典によれば、Sache《ザッヘ》には、thing, affair, matter, concernの英語があてられている。一方同じくモノを表すDing《ディング》には、thingだけである。

　したがってSacheには、thing同様、モノの意味が含まれるが、さらには事件、事物、事柄、関心など広範な意味がある。それに元の意味を強めたり、元の意味からの分離を示す接頭語のverが付き、能動性が強められ名詞化されるとVersachlichung《フェアザッハリッヒング》となる。直訳すれば「事物に即すること」「事柄に即すること」となり、転じて「モノ化すること」、さらに「即事象性」とか「即事物化」、個人的な主観を脱するという意味では、「没主観化（脱主観化）」とも訳される。「モノ化する」（物化）という内容を含む限りでは、Verdinglichung《フェアディングリッヒング》にも近い概念となる。

　ただマルクスになかった点でいえば、こうした事態は、経済界のみに固有のことではなく、生の活動一般にみられること、また関係のモノ化を通して、間一髪、人間の自由を拡張する積極面もみていたことであろう。人間関係が即物化されることで、かえって人間の自由も拡張されるとの認識である。ポケットにお金さえ忍び込ませておけば、現物を持ち歩かなくても自由にどこにでも行ける。これは経済的な領域に限定されていたマルクスにない、人間の行為全般に着目した社会学的な産物ともいえよう。

このような社会学的視点がもっとも濃厚にみてとれるのは、引き続き示したジンメルのタイプライターの例である。「外面的・事実的〔物象的に同じ、筆者注〕な行為(äußerlich-sachliches Tun)である書字(das Schreiben)は、それでもやはり特殊な個人的な形式(Verrat des Persönlichsten)をあらゆる場合につけるが、いまや機械的な同形性のためにこの形式を投げ捨てる」(同、529.s.532)。

手紙による交流は、「字は体をなす」「字は人を表す」の通り、書かれた文字から性、年齢、起筆者の精神状況まで読み取ることを可能にする。しかし筆記による文字化が、タイプのような機械で可能になると、機械化された文字から筆者の人間的な属性を読み取ることは不可能である。書かれた内容の理解だけが、肝心となる。

この現実は卑近な例になるが、人間の誕生において、受精が体内ではなく体外で可能となり、精子も卵子も特定の個人格から切り離され、顧客により選別受精される生殖補助医療の世界と、どこか似ていないだろうか。もともと、特定の個人格とは切り離せなかった文字がタイプ化されるのと同じく、特定の人格から切り離されなかった精子も卵子も切り離された瞬間から、人格はしのべなくなる。あとはタイプの場合、書かれた内容のみが重要なように、受精卵として成長したのが、させた親同様に人間であること、自分は何者なのかを知ろうとする人間であること、その意味で人間としての諸権利、人権の尊重が重要になる。

具体的な属性がわからなくなり、ただ書かれた内容と同じく人間であることのみが重要となるのは、人間の無色透明化、「非人格化」である。けだし受精の人工化は、手紙のタイプ化と同様、結果としての内容が重視されることで共通性をもつ。自分が何者かを知る権利は、人権の最重要な権利に属する。ジンメルは、近代産業社会のもとで進行する物象化と非人格化を経済領域に限定しないで、より広い生活空間のなかで sachlicher, unpersölicher, Persönlichkeit《ペルゾーンリヒカイト》 として、マルクスと同じ事態を嗅ぎとっていた。

のちにジンメルは、販売者と顧客というもっとも単純な経済界の人格的関係も、近代技術の発展により一掃された現実を述べる。「現代的な経済のこの機械的な性格の完全な例は自動販売機（Warenautomat）である。小売りにおいては売買がなおもっとも長く人と人との関係（Beziehung von Person zu Person）によって支えられているが、自動販売機によっていまや小売りからも人間的な媒介（menschliche Vermittelung）が完全に排除され、貨幣等価物が機械的な仕方で商品に換えられる」（同、518.s.521）。

ジンメルの時代の自動販売機が、どのようなものか興味深いが、自動販売機の歴史は、紀元前三世紀の古代エジプトにさかのぼるという。特定のコインを入れると、聖水を手に入れることができた。また実用化されたのは一九世紀のイギリスで、タバコが入手できたという（『現代世界百科大事典』二巻、163)。ジンメルも、貨幣を入れれば商品が手に入る器機の登場に、顧客関係から最小限の人と人との接触すら消滅したことに驚いたふしがうかがえる。

一九〇八年の『社会学』にも、近代社会の物象化に関し同じ考察が認められる。例えば、「さまざまな上位と下位は、かつては人格的な性格（persönlichen Charakter）をもち、それゆえ問題となる関係において一方はたんに上位者であり、他方は下位者であったが、いまやこのことは変化し、両者は一様に客観的な目的にしたがう」（ジンメル、1994上、224.s.241）。

資本主義社会以前の諸社会にあっては、人間の諸関係は、王と臣下、親方と子方、職人と弟子など、具体性を帯びて独自の人間関係をなしていたが、資本主義社会においては、上位も下位も、支配者も被支配者も、資本家も労働者も、生産活動に従事する限り共通の主人としての資本の支配に服さなければならない。

マルクスが、資本主義のもとで人を、資本の人格化とみたのと同じである。どんなに博愛的な資本家であっても激しい競争下のもとでは、資本の人格化としてふるまわざるを得ない。資本家といえども、いや資本家こそ、資本に従わざるをえない。このような経済体制の下では、以前の王の位置を資本に譲り渡さなければならない。

ほかの所でも、「思うに文化の進行において生産活動はますますたんなる技術にすぎなくなり、それは人間の本質と人格(Innerlichkeit und Persönlichkeit des Menschen)にとってのその結果をますます完全に失う。……人格と仕事はもともと緊密に融合しているが、分業と、まったく面識のない無関係な消費者のための、つまりは市場むけの製品の生産とは、人格(Persönlichkeit)がますます仕事から自己自身へと後退することを引き起こす」(同、243.s.262)。

ジンメルもまたマルクス同様、仕事、労働は、人格そのものを表していたが、労働が、市場本位、競争本位となるにつれ、人格そのものからかけ離れ、効率最優先に編成されることにより、仕事と人格は無縁のものとなり、誰が作っても同じものになることを見抜いている。この意味でジンメルも、社会学者として、資本主義社会のもとでの生産、生活の全般的危機を、物象化、非人格化の過程として捉えていた。

ウェーバーの物象化論

近代社会の特徴をVersachlichungの過程とし分析の重要な概念にしたのは、同じ社会学のなかでもむしろウェーバーである。ウェーバーは、Verdinglichungを使用することはなかったが、Versachlichungは、Persönlichkeitとの対比において、近代産業社会の社会関係を表す重要な概念として使用している。ウェーバーの社会学的な分析は、近代的にして最高度に合理化された、あらゆる分野で進行する社会の即物性・即事象性としての Versachlichung（人格性の後退）をめぐって行われたと捉えることもできる。

歴史の進行とともに人間のもつ個性・人格性（Persönlichkeit）の剥奪をも物象化と捉えたもっとも良い例は、カリスマ的支配関係をめぐる分析にみられる。

ウェーバーの仕事は、しばしばマルクスと比較される。マルクスが関心を寄せたのは、資本主義のもとで万人を従属させる資本のもつ権力に関するものだった。圧倒的な資本のもつ力によって、人の意志を屈服させる権力である。これは、当人の意志とは無関係にゲバルト的に屈服させる力を連想させる。

これに対し、ウェーバーが関心をもち続けたのは、人が進んで威信に対し服従する力（権威）の方だった。これは多分に、資本主義社会を巨大な商品の集積体と捉え、商品と資本の動きにかかわる経済学研究をめざしたマルクスと、人々の行為の解明を目指した社会学者ウェーバーとの相違を彷彿させる。

ウェーバーは、資本や客観的なものがもつ力としての権力以上に、人々が主観的に正当なものとして服従する権威の方に関心を寄せた。それだけにどのような動機が、人をして服従を正当なものと思わせるか、正当性の信念に注目した。

古今東西、人々に正当性の信念を抱かせるものには、純粋には三つの類型があるに過ぎないとして出されたのが、法による支配、伝統による支配、人のもつたぐいまれな能力による支配の三つのタイプである。その際、人のもつ人格性による支配として強調したのが、この最後のカリスマ的支配なのである。

カリスマ的支配とは、軍事的なものであれ、宗教的なものであれ、天与の才能の持ち主に対する人格的な帰依、服従から生じる。それゆえこのような支配は、特定の人格性と切り離しては成り立たず、その意味で特定の人物の「誕生期においてのみみられる」(ウェーバー、1967, 425) 支配である。それゆえ、カリスマ的支配は人の命が有限であるように、容易に伝統的な支配へ、さらには近代社会になれば、合法的な規則に依拠する合理的支配に代わるが、これらの支配関係の変化をカリスマ的支配の変形、転移として非人格化 (Versachlichung) の過程として捉えた。

歴史的な支配・服従関係においてもっとも典型的な人格的関係は、その稀有な才能ゆえに民衆が帰依するカリスマ的支配にみられる。こうした天賦の才能は、一代限りのものであり、容易に平準化され、やがては血統を同じにするとか、他の要素にとって代わられる。人格に依拠するだけに、永続せず、支配の根拠は、伝統的な権威や合理的な規則に変わらざるを得ない。

伝統的支配や合法的支配は、支配の根拠とされるものが過去から続く権威や合理的な法にあるように、人格性そのものはカリスマ的支配より後退している。カリスマの非人格化・物象化(Versachlichung des Charisma, 同、s.144.657.663.671 など、佐久間、1986, 207)という表現からもうかがえるように、もっとも人格性濃厚な個人の威厳に基づく支配も、やがては個人の資質や人格性の剥ぎ取られた伝統的な支配や人格性にまったく依拠しない合理的規則のもつ支配にとってかわられる運命にある。

ウェーバーの場合、人による支配から法による支配も、人格性の後退という点で非人格化・物象化(Versachlichung)の一例と捉えられる。この意味で社会の支配関係の歴史は、個人の威厳(権威)が放つ直接的な人格性のはぎとられていく過程ともいえる。

人格化、人格的関係とは

ここであらためて、物象化との対で登場する人格化、人格的関係について考えておく。人格化概念のもっとも一般的な例は、マルクスの『資本論』「序文」の次の一節である。実際の社会のなかで人は、さまざまな目的、手段で動く多様な姿をなすが、『資本論』で自分の描く人は、「ただ、……経済的諸範疇の人格化(Personifikation)であり、一定の階級関係や利害関係の担い手であるかぎりでのこと」(マルクス、1973-75、1巻、10.s.16)だ、と。『資本論』で描かれる人は、経済的な刻印を帯びた姿なり、行動であり、その意味でホモ・エコノミックス的な人間である。

では、人格的な関係とは何か。人格化をみたわれわれからすると、人格的関係とは、経済的諸範疇を帯びた人々どうしの関係となるが、それは単純な横の関係ではない。平面的な人と人との関係ではなく、縦の支配、服従関係を含むのが一般的である。すなわち人格的関係とは、人格的な資質に基づく支配・服従関係を指す。単なる人と人との横の関係以上のものが、含意されている。過去にさかのぼればさかのぼるほど、人と人の関係は、権力、権威、伝統、経験、知識などさまざまな差を内に含んだ支配・服従関係となって現れる。

例えばマルクスは、一八五七年から五八年にかけて執筆された通称グルントリッセといわれる『資本論』の準備草稿で、人類史を大づかみに三段階に分けて考察する。「人格的依存関係(Persönliche Abhängigkeitsverhaltnisse)(最初はまったく自然性的)は最初の社会形態であり、そこでは人間の生産性はごく小範囲でまた孤立した地点でだけ発展する」(マルクス、1961-65、第一分冊、79.s.75)。

人類の歴史をたどればたどるほど、自然を前に家族を拡大した氏族的、部族的集団があちこちに分立し、相互に交流のない形で生産活動が行われていた。各集団を相互に交流させようにも、交通手段も通信手段も未発展だったのである。

しかしこうした家父長的ともいえる人格的支配関係のなかなら、近代社会を生み出すような生産力も成長し、人類史の第二段階ともいえる社会が生まれる。それは、産業が高度に発展したものとして「物的依存性（sachlicher Abhängigkeit, 同、s.75）の上に築かれた人格的独立性」の社会であり、人類史の「第二の大きな形態」となる。

第二の形態のもとで人は、特定の人間に人格的に依存しないで、自分の力で生きるようになる。ただし生産手段をもたないので、現実には、人格的には独立しつつも、自分の労働力を商品化せざるを得ない。いわば人格的な依存に代わり物的なものへ依存する形で、生産力をさらに発展させることにより、人類は第三段階を準備する。

これまで培われてきた物的諸生産力を人間の手に取り戻し、管理することに基づく「自由な個性（freie Individualität）」の発揮は、「第三の段階」であり、「第二段階は第三段階の諸条件をつくりだす」（同、79.s.76）。

ここからも過去にさかのぼればさかのぼるほど、社会関係は人格的支配・従属関係に覆われ、それが近代では、物的な従属関係、物象的な依存関係にかわるとマルクスがみていたことが読み取れよう。

ウェーバーの人格的関係は、人格的支配としてのカリスマ的支配にあらわれていた。ウェーバーの支配の社会学は、人格性の徹底的に剥ぎ取られた西洋近代社会と、人格的支配を未だ濃厚に留めるアジア的家父長制支配の社会との比較にもなる。なぜ西洋社会のみが、徹底的なまでに非人格的支配による物象的な社会を生み出したかについて、自分の父母兄弟を否定しえないものは私の弟子ではないとした、イエス・キリストの非人格的な革命的力やプロテスタンティズムの影響をみている。

なぜこのようなことを述べたかといえば、こんにち、ＡＩやロボットにも東西で受け止め方に差のあることが指摘される。日本では、ロボットに対し人間のできないことをする、その意味で、人間を助けてくれる助っ人としての仲間の感覚があるのに対し、ユダヤ、キリスト教の一神教の世界では、ロボットが万能化するにつれて、絶対的な服従を迫る、ないしは社会を破壊することへの不安、恐れがあるという。その意味でシンギュラリティに対する恐れや不安は、優れて西洋的な反応ともされる(二〇二〇年一〇月一日、東京通信大学生存科学研究会、以下「生存研」と略。同じことはグロス他、121)。

三者のこだわり

以上のことから、古典的な思想家にとり人格化、物象化とは何を意味したか。マルクスが多く触れたのは、人格化以上に物象化であった。物象化ほどに人格化は言及されないが、その内容は、支配・服従関係が重要な要素になっている。ウェーバーの場合も、カリスマの物象化に明らかなように、人格化には、支配・服従関係が濃厚である。

人格化以上に古典的思想家が問題にしたのは、物象化の方であった。物象化とは何を意味したのか。マルクスの物象化は、個々人の労働の成果が、市場で交換されるにつれて、個々人のエネルギーの表出物たる商品が、資本に転化され、人と人との関係がモノとモノとの関係に、最終的には資本と資本の関係に転化するさまが強調される。個々人の生の独自の在り方を物語る労働は、市場では常に交換される他のモノとの関係で表示され、質的なものは常に量的なものに還元され、その限りで人格的なモノは物象的なモノとなる。物象化は、マルクスにとり明らかに否定的なものと捉えられる。

一方、ジンメルにあっては、自動販売機やタイプライターの出現に濃厚なように、産業が進めば進むほど、利用者には個々人の資質、属性がはぎとられ、どの人も同じように無色化される姿が浮かび上がる。身近な例をとるならば、ジンメルのあげた注文服と出来合いの服の違いにうかがえる。有能な職人がつくる注文服には、デザイナーの個性、針ひとはりにも個性が浮かび上がる。一方、市場向けの大量生産による服は、誰が作っても同じものである。一着だけではなく、無数に多くの人に共通するものをつくるだけに、こだわりもなく効率的なのである。

ウェーバーの物象化論は、カリスマの物象化にもっともその性格がにじんでいる。カリスマですら物象化の運命から無縁ではないように、歴史は、あらゆる分野で進む人格性の後退と捉えられる。その限りで質に対する量の勝利であり、個性は歴史の進行とともに無色化されざるを得ない。こうした事態は現在、いたる所で横行しており、過去の時代にみられた特定の個人による支配、典型的にはカリスマ的支配は、影を潜めている。カリスマのような個人支配を許さないのが、現代の現代たるゆえんともなる。

ウェーバーにとり物象化は、合理化とも重なり、そうである限り、物象化は、脱個性化であり、非人格化、奪人格化の過程でもある。そう解される限りで、物象化、非人格化は、歴史の宿命でもあり、科学化・技術化の運命ともいえ、現実の歴史そのものの姿でもある。

「非人格化」と生殖補助医療

こうしてみると具体的な個性ある人と人との関係を人格的な支配関係とみる視点は、マルクスというより社会学者ジンメル、とくにウェーバーに濃厚であり、マルクスはむしろ具体的な人と人との関係が、商品関係の巨大化・複雑化によりモノとモノとの関係に物象化される、その意味でモノの権化と化した資本の運動法則の解明に関心があった。資本主義のもとで、人は資本の人格化でしかなく、資本も人格化された資本でしかない（マルクス、1973-75、1巻、405-407）。

社会が人と人との関係であり、人類の初期の段階にさかのぼればさかのぼるほど具体的な人・人関係となって現れるこのような関係を人格的な支配関係として捉えたのは、ジンメル、なかんずくウェーバーであった。それはカリスマの人格的な支配関係のなかに、遺憾なく示されている。

本書では、人類の歴史をたどればたどるほど、人と人との関係が人格的な関係となり、商品生産が進むにつれて、当初の赤裸々な人格的関係は、モノとモノとの関係に置き代わり、そのことにより対象固有の本質——例えば、固有の人と人の関係がみえなくなること、ときに現象としては逆立ちして映ること——交換は必要ゆえに行われるのに、価格が等しいからなされるように思われる、等々の物象化がもつ現実の虚構、隠蔽、転倒等の諸側面を、近年のＡＩ兵器、生殖医療、通信教育の三領域を典型例に検討する。

教育というもっとも人格的な関係の濃い領域でも、現在は、どの大学にどんな教員がいるかを調べて受験する学生はいない。個としての人間より、偏差値の少しでも高い方を選択する。人より数字が価値をもつ。大学の選択も物象化・数値化の波に覆われている。

教育のみならず非人格化は、自動車の運転、戦争、生命科学・医療等いたる所で進行している。ジンメル、ウェーバーらの物象化、非人格化論は、経済領域に限定されないが、こうした近年の生活全般の姿を解析するには、重要な視点となる。

近年の生殖医療の深化により、本来、人間の体内でのみ可能だった受精が、体外で可能となると、精子も卵子も特定の個人から切り離される。精子も卵子も特定の人格性から切り離しえなかったものが、科学技術により、切り離されると、精子も卵子も非人格的なモノとしての性質を強める。ましてのちにみるが、将来ｉＰＳ細胞（induced pluripotent stem cells の略、多能性幹細胞。ｉＰＳ細胞と略）のような多能性幹細胞により精子も卵子もつくられ受精が可能になると、人格的な関係のない形で生まれた受精卵ではあるが、将来、ヒトになるだけに人権も含めどのようにみるべきか、難しい問題を含む（現時点では、文部科学省の指針により、禁止）。

たしかに受精卵は、将来、特定のヒトになる特殊なモノではあるが、一時的ではあれ人格性からは切り離された生命の萌芽である。その特殊な萌芽がヒトとなった当事者の苦しみは、生殖技術そのものを疎《うと》むほど深く、深刻なものである。生殖補助医療の目的は、その方法で生まれた子どもも、決断を下した人と同じく人となることを思えば、当事者もその生を肯定できるものでなければならない。当事者に寄り添った配慮が望まれる。

親のリプロダクティブ・ヘルス・ライツ（Reproductive Health and Rights）は、産まれる子のヘルス・ライツも満たすことが望ましい。ヘルスには、肉体的のみならず精神的なものも含まれる。これはのちほどみる。

3節　物象化、技術化、合理化のパラドクス

家畜と人間関係の物象化

こうした近代社会科学者によってつかみ取られた人格化、物象化は、こんにちのＡＩ、生殖医療、生命科学、ＩＴ（information technology, 情報技術。ＩＴと略）、通信教育の世界でも、人類史の底流を流れる基本趨勢として重要なものだが、いきなり最近の問題に入る前に、もう少し現下のハイテク技術のもつ明暗を探っておく。

近年、にわかに注目されたイスラエルの歴史社会学者ハラリはいう。サピエンス、すなわち

人類が、地球を制覇してから顕著なことは、動物をモノ化したことであると。ニワトリ、牛、豚、これらの家畜は、こんにち自然の鳥でもなければ、生き物でもない。これらはサピエンスの胃の腑を満たす、単なるモノと化したと。ハラリの『サピエンス全史』(上、下)を貫く大きな視点は、この点にある(とくに一七章)。

これらの諸動物は、生物固有のリズムをサピエンスにより改造され、生きた機械にされている。寿命も短く、効率が悪くなれば直ちに殺処分される。その運命は生まれたときから始まる。ニワトリなら雌雄鑑別後、オスとわかればただちに処分される。その処分法も圧死や窒息死等、世界的な論議を生んでいる。

資本主義的産業化は、すべてを機械化したが、さすがに機械でニワトリをつくることはできない。しかし、生きているニワトリを機械化することはできる。これは、人間を機械でつくることはできないが、人間を機械化することができるのと同じである。狭小過密な空間でのとがったくちばしは、他のニワトリを傷つける特異な行動回避のためにも、生後間もなく切り取られる(debeak, デビーク)。

こうしたニワトリは、「太陽を見ることも、ミミズを食べることも、つがいの相手を選ぶことも、雛を育てることもなく死んでいく」(ロウラー、307)。ニワトリという名の機械(同、

266)である。人間が、地球のみならず人間以外の生物も含めて食い尽くす、現代が「人新世(Anthropocene)」の時代に入ったとされるゆえんでもある。

こうした現実に出会うと、超高層ビルや郊外のベッドタウンに、ブロイラーほどの空間をもち四季の移り変わりも知らずにあくせくと働く人間とどこが違うかともなるが、これはひとまず置くとしよう。

機械と化したニワトリは、一年で二八〇個から三〇〇個の卵を産むが、この効率が満たせなくなると、これまた処分される。雛から卵を産むまでに五か月を要するが、ほぼ毎日産めるのは、一年くらい。よって一年後は、これまた処分される。六か月くらいで処分されることも珍しくない。繰り返しになるがこれは、ニワトリという名の卵を産む機械でありモノである。

現代の都市人は、「生まれたての卵を見ることも、ニワトリが屠畜されるのを目撃することも、生きているニワトリをちらっと見ることすら一度もないまま、毎日鶏肉や卵を食べ」(同、301)ている。アメリカのニワトリは、「野外に出すことができない」という。出荷される六週間では、「免疫系が十分に発達しない」ため、リスクが大きいからである。EUは、アメリカ産家禽の輸入を禁止している(同、321)。

二〇二〇年後半から二〇二一年前半までは、日本全国に鳥インフルエンザが大流行し、一度に何万匹と殺処分を行った業者も少なくない。これは、基礎免疫力すら獲得できないまま卵を産むべく、ニワトリが機械化されていることと関係しているのではないか。成長の過程で育まれる鳥の免疫力も、自然と遮断されることにより、阻害されているのだ。

資本主義のもとでは、ニワトリだけが機械としてモノ化するのではない。ニワトリをモノとしかみれない人間との間もまた、関係がモノ化している。人間もニワトリを生き物としてみていない。食べモノとしてみている。その限りで効率的な交換を最優先する社会の下では、一般の利用者としての人間も効率的なニワトリの所有者として、一千羽の鶏肉所有者なり、卵の保持者としてモノ化されている。人間とニワトリの関係同様、人間と家畜の関係もまた、その関係はモノ化、物象化されている。

資本主義は、人間と人間の関係のみを物象化するのではない。人間と諸動物の関係をもまた、物象化する。すなわち人間と動物の関係をもまた関係の物象化に導く。このいきつく先は、かつて構造人類学者のレヴィ＝ストロースが予言した未来世界を暗示させる。主著『親族の基本構造』を世に問い、旅を民族学の生命とみたかれが『悲しき南回帰線』でふと漏らした一言が、人類の未来に憑依《ひょうい》の如くつきまとう。

「世界は人間なくして始まった。そして人間なくして終わるだろう」（レヴィ＝ストロース、下、

361)。歴史の発展の尽きるところで、科学的近代性、合理性がまさしく頂点を極めるところで、これまでの主体、主役を欠くという非合理性がぽっかり待ち受ける。人と人との、人となまの動物の関係性の消滅という、いやなまの人そのものも、将来は必要とされない、いなくなるという非合理性が。

これはのちほどみるが（五章参照）、日本版ソサイエティ5.0に近い社会像である。

人からモノへ――進む人体の部品交換

もともと産業社会が活発化した時代の思想家の危惧は、モノが豊かになるにつれて、人と人との関係が、人とモノとの、モノとモノとの関係に代わってしまうのではないかということだった。これをヘーゲルやマルクス、ジンメルらは、物化なり物象化として捉えた。

しかし、現在のｉＰＳ細胞やＥＳ細胞（embryonic stem cells, 胚性幹細胞。ＥＳと略）の研究、並びにＩＴ、ＡＩ技術の応用などを考えると、将来出現するのは、人と人との関係が、多層多次元でモノとモノとの関係に置き換えられること、社会の中身が、モノとモノとの関係に代わってしまうことである。

同じく人の諸器官は、将来、親から受け継いだ器官だけではなく、他人の、他生物の器官に置き換えられる。ヒトという生命体は、数兆に及ぶ細胞からできている。生命体全体が、部分からなりその一部に難点がみつかった場合、一部の難点を差し替えても全体の機能に支障がなく、むしろ全体の動きにも良い影響がもたらされるなら、今後も部品交換は行われる。

その部品は、同じ人間の臓器であることもあるし、人体に精巧に似せてつくられたモノ、ときには人間と種の異なる動物の臓器であることもある。人工臓器、すなわちサイボーグである。すでにこんにち、現実とＳＦ（science fiction, 空想上の作り話）の境界もなくなったが、臓器のレベルでいえば、人間と動物の境もなくなりつつある。動物臓器人間は、すでに生き、活動している。

他方、介護施設などで将来予想される人手不足から、老人の会話の相手は、ロボットである。ロボットはもちろんモノである。そのロボットにより、必要なものを受け止めるのもロボットとなると、施設で起きていることは、老人と老人との交流ではなく、老人とロボットの、ロボットとロボットとの、いうならばモノとモノとの交流である。人間は、小脇に追いやられ、社会はいずれ、モノとモノとの関係・交流で回転するようになるだろう。

いや世界経済は株で動き、人間の生活がとっくの昔に株価の変動に左右されるのと同じ事態が、社会の細部にまで行きわたるとでもいえようか。

人格的関係を欠いた医者と患者――医療最前線で起きていること

将来、世界がモノとモノとの関係になる予感は、医者と患者の関係ですでに起きている。医者と患者は、もっとも人格的な関係を示すものである。しかし、医者と患者のあいだに精巧な機械が割り込み、医者は機械の代理人、患者を診るのは医療機器に代わりつつある。

二〇一九年三月五日の『日経新聞』は、近年の医療技術におけるＡＩソフトの果たす役割について、驚くべき事実を報告している。オリンパスなどでは、内視鏡検査のとき、ＡＩソフトを利用すると、検査で患部を映し出したとき、かなりの確率で患部の症状に関し適切な診断を下すことができるという。その確実性は、九割を超え、経験の浅い医者の七割より、はるかに的確だそうだ。

これは将来、医療の世界で起きる医者と患者の関係で、大変な事態が生じることを暗示している。これまで医者と患者の関係は、まさに人格的関係の見本のような領域であった。患者は、医者を信頼し、医者の一言一句を聞き逃さないように聞く。医者は、自分の運命を握る治療の師たるエキスパート、医師にほかならない。

しかし未来の患者と医者の関係は、医者が症例関係のソフトを正確に選んで患部に当てれば、以後、診断はソフトがしてくれる。患部を切除するか、今後の方針を決めるのも、AIソフトの方なのだ。すでに手術に際し、実際に切除するのもAIがするケースもあり、先端医療機器は、単なる手段・道具ではなく主治医であり、機器あっての医者でもある。

AIは、人の感情までは読めないといわれてきた。医療現場の情報は学んでも、相手の感情までは読めないというのだ。だが、最近は、AIどうしで仕事をさせると、その競い合いのなかから、人間の感情をも読めるようになっている。人を介せず、AIどうしで仕事をさせると、お互いに切磋琢磨しあい、AIも不断に向上するのだ。その結果、将来起きることは、この万能にも近いAIと人間の共生である。異なるエスニシティどうしの共生は、もちろん重要だが未来は、AIと人の共生が最重要課題となる（『日経新聞』二〇一八年八月一六日）。

同じく『日経新聞』（二〇一八年一二月一一日）はいう。昔は、膵臓癌の生存率は低かった。しかし、AIのおかげで激変する可能性がある。内視鏡とCT画像（Computed Tomography）を人工知能に学習させ、検査に活用すると、将来起きかねない微量な兆候も見逃さず、発見できる可能性がある。医療の世界では、過去の多くのデータを匿名化し、ビッグデータを開発し、利用できるようにすることが進められている。医者に診察されても見逃される可能性のあるものが、AIによって発見されるのだ。これらの技術は、医者の少ない地方や経験の浅い医者の助けになると期待されている。

これらも、医者と患者のもっとも人格的な関係の濃密な世界で、非人格的な関係が進んでいる例である。ＡＩなどの先進技術を駆使する医者は、もはや目の前にいる人は看ずに、病をみているのだ、人間は看ずに病巣をみているのだ（松田、1）。ソサイエティ5.0にみる理想の社会像では、病巣はＡＩが診て、医師は人を診るとしているが（「タスクフォース」、3）、果たしてどうか。

技術が進むにつれ、「死は孤独な非人格的なものとなりつつある」とは、『死ぬ瞬間』の著者キューブラー・ロスの警告である。彼女はいう、患者が重症化すれば、「Ｘ線室へ移され……徐々に、だが確実に、一個のものとして取り扱われはじめる。もはや人格ある人間ではないのだ」（ロス、傍点原著者、22）。そのうえで医学は、生きた人を扱おうとしているのか、それとも「たんに生命を延ばすことを目的とする、新しい、だが脱人格的な科学となろうとしているのかと」（同、26）。

社会のいたる所で人間関係の物象化、脱人格化が起きている。ＡＩが常態化すると、将来、人と人との会話は、家族を除けば友情と恋愛くらいにしかみられなくなるのではないか（ジンメル、1994、上、「秘密と秘密結社」がヒント）。しかし、これとて甘いかもしれない。以前、漫画が盛んなとき、恋人どうしで喫茶店に来て、漫画を読んで出て行く姿をしばしば目撃した。現在は、漫画にスマホが代わり、一緒に喫茶店に来ても、それぞれがスマホをして出ていく。医者と患者のみならず、若者からも対面的な会話が消えつつある。

二章　兵士のいない戦場

1節　「戦争論」の古典

クラウゼヴィッツの『戦争論』

ジンメルは、人間としての存在の本質を闘争にみた。人間は他の動物同様、共存よりも闘争が自然な在り方である。その証拠にあげたのが、まだ何も知らない民族どうしの最初の出会いが、闘争から始まることだった。人間の自然存在としての闘争が絶えなかったから、共生がいっそう重視された。この人間どうしの闘争を現在にも示すのは、人類誕生以来、めんめんと続く戦争である。

こんにち社会学的視点から、戦争論でふれておかなければならないのは、クラウゼヴィッツの『戦争論』とロジェ・カイヨワの『戦争論』である。クラウゼヴィッツの『戦争論』は、この種のものの古典といわれる。時代は一八世紀中期から一九世紀初頭にかけて、内容は主に七年戦争やナポレオン戦争を題材にしている。

ジンメルは、「闘争」を「もっともなまなましい相互作用のひとつ」とみなし、「闘争の原因」に、「憎悪や嫉妬、困窮と欲望」(ジンメル、1994上、262)など微視的な心の動きをあげ、恋愛関係もまた闘争の貴重な例とした。クラウゼヴィッツもまた、戦争を闘争の一種と考える。ジンメルにとり、恋愛が社会化の相互作用の例なら、クラウゼヴィッツが、戦争の相互作用の例に挙げたのは、二人の間の決闘である。「戦争は拡大された決闘にほかならないからである」(クラウゼヴィッツ、上、28)。

決闘は、「物理的な力を行使して我が意志を相手に強要しようとする」(同、28-29)ものだが、戦争も同じである。戦争も「一種の強力行為であり、その旨とするところは相手に我が方の意志を強要することにある」(同、29)。

二人の決闘を拡大したものとしての戦争に勝利するには、精神的かつ物理的に、相手に優るように自分を鍛えなければならない。それは「資材の量と意志力の強さ」(同、34)にも負う。この資材は、歴史の発展に即した形で「発明」による。その結果、人類は「闘争の必要に駆られて……早くから特殊な発明にいそしんだ」。「発明は、個々の戦闘者の用いる武器と装備とから始まった」(同、140)。当然、戦争を有利にするためには、闘争者は、これらの武器に明るくなければならない。武器に対する明るさいかんが、戦闘の運命を決定する。

昔の戦争は、相手と同じ地理的位置にたち、酷寒の寒さや汗だくの熱帯に身を置き、相手と同じ精神的、肉体的状況に身をさらしながら戦闘を続けなければならなかった。しかし武器いかんでは、そのようなことは起きなくなる。相手の状況と同じことを経験せずとも勝利することはできる。その限りで、勝利は、人格的なもののいかんではなく、新しい武器に対する正確な知識いかんの方が肝心となる。

現代の戦争で勝利するには、相手と同じ状況に身を置かずとも、武器についての正確な知識と冷静な判断力であり、その限りで相手と同じ物理的状況を生き抜く人格性ではなく物象化された環境のなかでの資材に対する緻密な知識である。ＡＩやドローンに対する正確な知識が、勝利を左右する。

カイヨワの『戦争論』

カイヨワの『戦争論』でふれたいのは、三点。一つは、戦争を聖なるものとみた点、二つは、戦争の歴史的変化に関する独自の見方。三つは、近代戦争の悲劇に関するものである。

戦争を聖なるものとみたといっても、戦争を美化し崇拝したということではない。戦争に対する民衆のエネルギーに、祭りや非日常的な宗教行事と同じ集合的エネルギーの燃焼をみたということである。祭りも礼拝などの宗教的祈祷の頂点には、非日常的に聖なるものへの感情爆発、恍惚、眩暈《めまい》、自己犠牲を伴うものだが、戦争時における緊張にも同じ人間の狂騒的感覚に相通じるものをみたのである。

戦争を残忍なものとみる一方で、敵陣を殲滅《せんめつ》したときの恍惚感のなかに人間の祭りに対する聖なるものにも通じる感情をみたのは、意外な一面をついたものである。敵陣を前にしたときの緊張と弛緩に、祭りにも通じる意識の流れをみたのだ。

カイヨワは、戦争を部族間で争われる原始的戦争、部族的統合がなされて他民族支配に向かう帝国戦争、民族自体に階層差が生じ、武器や闘争手段の独占できる貴族戦争、武器が国民全員に行きわたり国家丸ごと戦争に巻き込まれる国民戦争、全体戦争にわけた。これらの四つは、戦争の発展を述べたものというより、闘争の規模や武器とのかかわりに注目した類型・分類といえる。特筆すべきは、闘争なり戦争の質に注目した類型論として、近代戦争の従来と異なる側面である。

非人格的なものとなった近代戦争

それが、近代戦争の悲劇に関するものである。戦争というと、流血の惨事を連想するが、銃や火薬が用いられる以前の戦争は、手の延長としての刀剣や槍による武闘であり、当事者どうしに礼儀や規則があり、それに応じた名誉や品位に関する闘いでもあった。本書の文脈でいえば、こうした闘いで重んじられたのは、人間としての人格的なものだったのである。

このような闘争は、祭りの別の形態であり、遊戯にして武術・武芸でもあり、一種スポーツですらあった。スポーツには、もともと武術であったものがルール化されたものが多い。ウェーバーは、スポーツを闘争が平和裏にルール化されたものとみたほどである。

イギリスのパブリックスクールで重視されたのは、規律とスポーツである。この両者は、奇しくも以前の戦争で重視されたものである。イギリスの以前の軍隊の士官は、圧倒的にパブリックスクール出身者が多かった（エリス、185-6）。当時の戦争の中心には、人がおり、それは人格的な教育を受けたパブリックスクール出身者に与えられた。

しかし、闘争が兵士のみではなく国民全体に及ぶようになると、民主主義もいっそう国民全体に沁みわたり、国民全体に武器もわたるようになる。こうして武器も国民全体に行きわたるようになると、戦争は国民の生活全体に及ぶようになり、総力戦になる。こうして「民衆が戦争に参加するようになると、必然的に戦争は遊戯であることを止め、武芸試合であることを止め、分列行進であることを止めねばならなかった。戦争は、真剣なものになっていったのである」(カイヨワ、59)。

戦争は国家間の戦いとなり、個人のみならず国民全体の生死を分かつ、「真剣」なものになった。ここにおいて戦争は、儀礼や名誉、品位というよりは、勝利のためには手段を問わない熾烈なものとなる。カイヨワは、ギベールの『戦争論』を、感慨込めて引用する。

現代の戦争は、「兵士はよりよく武装し、部隊の数もより多くなっていった」が、ギベールは、「この点を進歩とはみていなかった。彼にとっては、短い武器こそ勇者の武器であった。武器が長くなればそれだけ勇気は少なくなる。飛び道具をつかうということは、〈敵と自分との間に、できるだけ大きな間隔をおこうとすることにほかならない〉。火薬の発明は、兵法のうえではまことに不幸な出来事であった」(同、96)。火薬の発明は、自分と敵との関係を人格性が推しはかれないほどまでに、遠ざけた。

鉄砲もしかりである。「鉄砲のすぐれた点が証明されたため」、「勇気も力も技もいらぬような武器を、みんなそろって採用せざるをえなくなった」(同、96)。こうして近代の武器は、使用者の個的人格を何一つあらわさない、非人格的なものとなり、非人格的なものになればなるほど、争いは凄惨的なものとなった。

なま身の人の姿がみえなくなる所で、すなわち物象化されることで闘争や競争がエスカレートする例は、現代社会の生活のすみずみで経験している。受験生も同じである。昔のライバルは同じ教室の仲間であったが、本人の力が偏差値という形で数値化されると、受験生は競争相手のみえない数値との終わりのない闘いになった。

企業の業績も株価により数値化されるや、実体経済とも異なる数値に一喜一憂するようになる。

2節　人格的（人どうしの）闘争から物象的（武器による）戦争へ

人格の闘いとしての武士の時代

こうした経過は、カイヨワを引き合いに出すまでもなく、日本の武芸でも確認できる。近代化される前の闘争は、むき出しの個人間の闘いである。それを担ったのが武士である。武士は、もともと貴族が、自分の財産や命を守るため雇ったのに始まる。平安時代、貴族は、光を代表し、武士は闇の代表であった。闇とは、門に音と書く。門のなかの侵入者の音を聞き分けて、応対するのが武士の役目となる。この闇の代表としての武士が、やがては武士でなければ身の安全が維持できない時代になり、光と闇が逆転する。江戸時代は、武士が光で貴族は闇になる。

平安時代の武士は、馬と弓矢の使い方が基本であった。この技術のない者は、武士たりえない。まさに武士たる身は、武術であり、馬術であった。武術なり馬術に秀でるには、人格の陶冶が重要になる。剣なり武は、仁術、人術そのものであった。

大川周明の『日本二千六百年史』(新書版 2017、原著は一九三九年刊)は、日本古代からの民族や国家の起源に関する通史だが、鎌倉以降、武士の道は、「弓馬の道」なり、「弓馬の家」と呼ばれ、弓馬を自由に操れるか否かが武士たるものの「道」となったことを、明らかにしている(大川、151)。馬術も弓術もまさに人格の一部である。当時の闘いは、武器を用いた人間性の、人格的な闘いであった。現在にも残る「一騎当千」の箴言は、一人の馬術に秀でた武将が、千人の兵にも相当する当時の闘いをさしたものである(同、153)。

闘いとは人格の闘いだった

これらの事実はもともと闘いが、人格と人格の闘いだったことを物語る。新渡戸稲造の『武士道』に描かれた例に、太田道灌が刺客に襲われたとき、太田が歌を好むことを知っていた刺客は、「かかる時さこそ命の惜しからめ」と下の句を詠むと、瀕死の重傷を負いつつも太田は、上の句「かねてなき身と思い知らずば」と詠んだという(新渡戸、46)。

同じく、武術が人格・教養の闘いでもあったことを物語るのは、中央の朝廷により本州全域が初めて統一されるきっかけともなる、一〇五一年の前九年の役に関するものである。有名な話だが、源義家が奥州の覇者安倍貞任《あべのさだとう》を追いながら、相手に向かい「衣のたてはほころびにけり」と下の句を詠むと、すかさず安部は「年を経し糸の乱れの苦しさに」と、上の句を詠んで返した(菊池、52)。安倍はこの一句で、一命をとりとめたともいう。

これらは、京から遠い奥州にあっても、安倍氏一族の文化的教養が高かったことを示すエピソードであろう(竹内、78)。ただ、武家時代到来のきっかけともなったこの時代の「武」は、まさに「文」、すなわち「人」の時代でもあった。文武両道とはよくいったものである。問題は、このような人の話術と武術の、教養と知識の闘いをも意味したいくさの世界も、無差別の化学兵器の登場により、大量殺戮に代わってしまい、闘いの、いくさの物象化が起きていることである。現代の兵器は、使用する者の人格を表さない。

剣は人なり——宮本武蔵

剣が人の道でもあることに関しては、宮本武蔵をあげるにしくはない。武蔵は、一三歳で初めて真剣勝負に勝利し、一六歳で地元最強といわれた者に勝ち、その後も諸国を転々とし、一度も負けなしの生涯であった(佐藤校注・訳、35)。しかし若いときは、ただ試合に勝つだけで「おのずから兵法の道を体得したのは、五十歳の頃」だったという(同、36)。そこで、兵法の道を書く決意をする。

武蔵は、随所で「兵法の道を大工の道」(同、39)に譬えた。大工は、人格的な仕事の好例である。機械化される以前ならなおのこと、釘の打ち方、カンナの削り方など、どれ一つとっても、人格的な技であった。人により、個性により、打つ箇所や削る場所は共通しても、仕上げは千差万別であった。武蔵は兵法を、好んでこの大工仕事に譬えた。

武蔵は、鉄炮も兵法の重要な一つに数えた。「城郭の内にしては、鉄炮に及くことなし。野間などにても合戦の始まらぬうちにはその利多し。戦ひ始まりては不足なるべし。弓の一つの徳は、放つ矢人の眼に見えてよし。鉄炮の玉は、目に見えざるところ不足なり。この儀よくよく吟味あるべきこと」(同、22)という。城壁に閉じこもり、遠く離れた敵陣を見渡し狙いをつけるには、鉄炮は適している。また戦の前に遠くに敵陣を控えているときは、鉄炮に威力がある。しかし、敵陣が近づいて来ると、むしろ鉄炮では戦えない。当時の鉄炮が、火縄銃であり、弾を装填するのに時間がかかることを思えば、当然であろう。

弓矢は目にみえるが、鉄炮の弾はみえないことが欠陥だとは、当時の戦の本質を言い当てている。矢は、大きいので放たれた航跡を追うことができる。当たれば、相手は倒れ、自分の腕も確認できる。しかし鉄炮は、必ずしもそうではない。同じ飛び道具でも矢の方がまだ人格性をとどめている。

武蔵の武芸で、人格性が重視されている好例は、剣術に占める足の位置や声の発生に対する重きである。武蔵は、足の使い方で浮足を何よりも諫めた。「足の運びやうのこと。爪先を少し浮けて、踵を強く踏むべし。足遣ひは、ことによりて大小・遅速はありとも、つねに歩ぶがごとし。足に、跳び足・浮き足・踏み据ゆる足とて、この三つ、嫌ふ足なり」(同、59)。

「浮き足を嫌うこと、そのゆゑは、戦ひになりては必ず足の浮きたがるものなれば、いかにもたしかに踏む道なり」(同、167～168)と闘いにおいても、足の踏み方に平常心を求めた。

また、相手との真剣勝負において、声の張り出しにも注意した。武蔵は、勝負をする際の声にも、三つあるという。「大分の兵法にしても、戦ひより初めに掛くる声はいかほども嵩をかけて声を掛け、また、戦ふ間の声は調子を低く、底より出づる声にて掛かり、勝ちて後に大きく強く掛くる声」(同、122)の三つという。現代のスポーツでも、気合を入れて相手に向かい、目的達成において雄叫びをあげる、よくみかける姿である。声は、人格性そのものである。

剣の道は人の道

これらの兵法は、武蔵の時代の戦が、人格的なもの、すなわち人のいかんと決定的にかかわっていたことを示す。武蔵は、鉄炮をも武士の心得のなかに含めている(同、21)。しかし鉄炮は、火偏を使用するように、火縄銃のレベルであった。

要するに武蔵の時代、兵法は、人格的なものであった。剣術は人格の一部である。「剣禅一致」ともいわれるように、剣の道は禅に通じ、無心に到達することで、剣の極致も達せられる。無心は、空にも通じる(魚住、218)。

それゆえに武蔵は、剣を説きながら「心持ち」(佐藤校注・訳、203)、精神を説いた。武蔵はいう。「心の持ちやうは、減らず、上らず、巧まず、恐れず、直ぐに、広くして、意のこころ軽く、心のこころ重く、心を水にして、折にふれ、ことに応ずる心なり。水に碧潭の色あり、一滴もあり、滄海もあり。よくよく吟味あるべし」（同、203）。

この心は、現代的にいうならば、不動心ということである。『五輪書』の最後は、「万里一空のこと」と題し、「勝つ理はすべて、広く真直ぐなありようであるところの空に由来し、空に帰着する。だがこのことは書き付けることが難しい」（同、訳文より引用、240）。剣空合致・剣空無心、剣ほど、心を映し出すものはないのだ。

剣の達人であっても、文はまた別である。よほど書き足りないと思ったのだろう。「独行道」と題し、剣の人として心すべきことを箇条的に二一条に書き残した。印象に残るものをあげれば、「一、世々の道をそむくことなし。一、よろずに依怙の心なし。一、一生の間欲心思わず。一、身一つに美食を好まず。一、老親に財宝所持用ゆる心なし。一、つねに兵法の道を離れず」（同、241-242）。公明正大にして物欲にとらわれない人生を説いたのである。

「兵法の利にまかせて諸芸諸能の道とせば、万事におゐて我に師匠なし」（魚住、232）とまでいわしめた武蔵にとり、剣の道は、人の道そのものでもあった。

非人格的殺戮の象徴としての核兵器

こうした武の人格性を根こそぎにしたのが、近代兵器、なかでもその一典型としての核兵器である。核は、使用者側にも被爆者側にも人格性の一切を問わない。こうした時代の到来をいち早く見抜いたのは、これまでの兵術の世界でたどれば、第二次世界大戦の引き金を引いた一人の人物である。それは、日本に原爆が投下される前に、原爆の威力を語り、かつそれゆえに使用するにはあまりに犠牲が多いがため、世界が原爆保有国を中心に分割されたまま緊張のもとで間一髪の平和がもたらされると説いた石原莞爾である(石原莞爾、新書版 2019)。

石原莞爾は、第二次世界大戦の引き金となった中国東北部に民族のるつぼを夢み、「八紘一宇」の理想郷、「満州国」を建設しようとした謎多き人物である。日蓮宗国柱会田中智学の影響もあり、正法、像法、末法の転生を経て、世界が西欧と東洋に二分され、雌雄を決する「世界最終戦争論」を説いた。

石原はいう。闘いが人間の個人間で行われていたとき――本書でいう人格的な闘いのとき――日本社会は群雄割拠の時代であった。しかし武器が、しだいに人間の手やその延長の槍や弓矢、馬の利用となるにつれ、武将の支配する領域もより広範囲となった。信長、秀吉、家康を経て、武器も鉄砲のような個人の手から少しずつ離れ、より精巧になる。こうなると武士の統治も全国に及ぶ(同、48)。日本社会が、群雄割拠の時代から全国の統一には、巨大な武器の発展という現実があった。

世界をみても国ごとに国内統一を果たした武器は、さらに発展し、大砲や火薬の応用が可能になる。その結果、支配領域はさらに広がり、最終的に原爆が開発されることにより、一領域内の人間のみならず、周囲の草木や豚・鶏も同じ運命にさらされる。これにより世界の空間的分割支配が、いっそう進む。地球規模にまで広がる空間を支配する、殺傷性の広範な武器の登場である。

周辺の草木はもとより、豚や鶏も含め、同じ運命に服するということは、究極の非人格的殺戮兵器の誕生であり、こんにちの人のいかんを問わないAI兵器に相当するものである。

ただ、石原の主張で無視できないのは、このような非人格的な武器の誕生が、これまで人類が繰り返してきた戦争を無意味なものにするとみたことである。原爆のような相手を選ばぬ兵器、それも人も動物も、都市も農村も、山も海も川も選ばずに破壊する兵器の誕生が、戦争自体を無意味なものとする。

巨大兵器の誕生が、特定の人間にのみ向けられた兵器の役割を終えたのである。特定の敵に向けられた人格的な兵器が、非人格的な兵器ともなることが明らかになることにより、兵器としての役割を終えたのである。こうした非人格的な兵器を前提にして、人類の争いの歴史としての「前史」も終わり(同、82)、地球的一体化が進行するとみたのは、石原莞爾が当時としては研究者でもないのに優れた感性の持ち主であったことを物語る。

兵器の専門分化

このように本来、人と人との闘いに過ぎなかった闘争が、こんにちのようにモノとモノとの、機械と技術による大掛かりな闘争にとって代わられたのはなぜか。それは最初に述べた通り、人間とは、モノをつくる動物であったからだ。もともと技術とは、手を支える道具に過ぎなかった。

日本語で技術の技とは、手偏に支えると書くように（村上、37）、本来、技術は、人の手を支える単純なものだった。あくまでも主体である人間の、手を支える道具に過ぎなかった。しかしこんにちは、人の手に従属すべき道具の方が巨大化し、人間の方が機械、技術の部品の一部と化している。

近代以降、人間と機械の関係は、主体と客体の関係が逆転し、機械が主体となり人間が機械の補完物と化している。モノをつくる主役は機械が演じ、人間は脇役、機械の補完物、従属物に成り下がっている。

なぜこのようなことが起きたかといえば、人間が使用した道具はモノだけに、人間とは異なり、モノ独自の固有の法則性（Eigengesetzlichkeit）に即して、機械化、技術化、すなわち合理化されていったからである。技術固有の法則とは、時間の節約を目的に、それ自身の目的のために効率性、収益性、機能性のみを追求するからである。

しかもいったん、道具や機械の固有の法則性ともいえる時間の節約、効率原則により運動が始まると、あとはそれ自身の目標に従って自己展開する。その結果、現在は、世にもまれなほど精巧な殺人用の兵器が生産され、戦争に勝利するか否かは、この兵器があるかないかしだいである。すでにジンメルいわく。

「この過程は武器においても極めて特徴的な明白な仕方で実現される。そこにおいてその絶頂をなすのは、もっとも専門化しているとともに機械としてもっとも完全なもの、軍艦である。すなわち軍艦において客観化はきわめて広範に進行し、そのため現代の海賊において一般に事を決する要因はほとんど、同じ質の軍艦のたんなる数関係にほかならない」（ジンメル、1999、516.s.519）。

軍艦が必要なのは、資源や原料を運ぶためではない。ただ相手を威嚇するため、必要ならば相手を襲うためである。それゆえ味方の威力は、人にあるのではなく軍艦しだいであり、勝利は軍艦の質量に比例する。

日本でも味方の砲弾は届き、相手の砲弾は届かない軍艦を造れば、米英にも勝てると思われた時期がある（半藤、216）。第二次世界大戦前夜の砲弾の届く範囲が、勝敗を決めると思われた時代である。ジンメルの軍艦論は、この時期の戦争観を述べたものであろう。

3節　記号化する現代戦――自律化する兵器（ＬＡＷＳ）

怖い偶然の重なり

ひと昔前の人の手を離れた兵器、技術の粋を集めた兵器が軍艦とすれば、現在これに相当するのは、ＬＡＷＳ（Lethal Autonomous Weapon System, 以下ＬＡＷＳと略）、すなわち自律型兵器システムである。この兵器は、人類の宿命としての物象化過程に関し見事な例を提示する。

将来といわずに、現在すでに戦争は、ＬＡＷＳの戦いになっている。この戦いの特徴は、人の判断を媒介しないことである。人の意志や判断から完全に自律して行動する。ＡＩが自動車で実験されている間はいいが、その技術が、兵器に利用され、世のなかにそうした兵器が多くなればなるほど、ＬＡＷＳどうしの兵器が、思わぬ偶然性を引き起こす。偶然性は、重要なモメントになる。

クラウゼヴィッツが注意したのも、戦争に果たす偶然の問題だった。戦争には、規則に基づく緻密な計算が求められるが、それにもかかわらず、「戦争に偶然はつきものなのである」。「偶然との不断の接触が日常の茶飯事であるような領域は、戦争」（クラウゼヴィッツ、53）以外にない。偶然は戦争に必然であり、戦争に偶然は、「博戯《はくぎ》」（同、53）でもある。すなわち毎回が、賭博のような賭けであり、当たったときは「僥倖《ぎょうこう》」といわれるが、はずれたときは、殲滅にさらされる。こんにち的にいえば、遠隔操作により有人機と無人機を通信でつなぎ、相手のレーダーをもかいくぐるほどの技術がどこかで狂うと、誤発動しかねない。今後、技術が高度化すればするほど、こうしたリスクはつきまとう。

さらにLAWSどうしの偶然性による、攪乱的な敵対行為の生まれる可能性もある。兵器の及ぶ範囲が広範なため、そのときの影響は計り知れない。

LAWSの存在は、刀によるいくさの時代に鉄砲が登場した以上の革命的出来事である。刀による闘いは、人格による闘いだったが、鉄砲の登場は、人格による闘いではなく、道具の性能による闘いになった。子どもでも女性でも、息たえだえの老人でも、敵対する相手に勝てる機会がもてるようになった。武器が人格性を表さないだけ、勝敗は武器の性能しだいとなった。鉄砲の登場は、人格的な闘いから物象的な闘いへの転機を告げるものとなる。さらにライフルとなると、犠牲者は特定の個人ではなく、不特定多数の量となる。飛び道具の出現は、闘いの世界の質的転換をなすが、ＬＡＷＳの出現は個人だけではなく集団にも向けられ、狙いを定めればその攻撃の正確性、執拗性は、これまでの武器の比ではない。

ディープラーニングするＡＩ兵器

ある雑誌が企画した「ＡＩ兵器と人類」によると、現在のＡＩは、ディープラーニング（深層学習）をして、いつなんどき人間から自律し、独自に動き出すかもしれないという。人間の知能を越える、「シンギュラリティ＝技術的特異点」に達する可能性もある（『世界』、91）。

こうした技術革命は、社会の在り方を、人と人との社会関係を決定的に変える。あるドローンは、三キロまでの物体を乗せることができ、目的地上空に達すると、数十個の小型ドローンが飛び散り、まるでスズメバチのように目的物に襲いかかる（同、88）。恐るべきは、兵器の自律化である。たしかに、自立ではなく「自律」なのだ。

兵器の自律化とは、文字通り人間の意志を介さずに兵器が独自に判断し、行為することである。コンピュータやパソコンは、人間が制御し、人間の入力したデータを計算している。あくまでも人間が動かしている。

しかし人工知能のすごいところは、人間の手を借りることなく、技術そのものが判断し、学び、制御していくことである。このとき人間に、果たしてＡＩを制御できるのか（小林雅一、2015、48）。想像するだけでも恐ろしい世界が、パックリ口を開けてわれわれの未来を待ち受けている。

こうした兵器が実際に使われたのが、サウジアラビアの石油工場への攻撃だ。

報道が真実とすれば、アメリカとイランの代理戦争ともいわれるサウジアラビアとイエメンの対立で、イエメンの反政府組織フーシ派は、サウジのミサイル防衛組織をかいくぐり、無人機一〇機で、石油関連施設を攻撃したという。一〇機もの無人機が、一〇〇〇キロ以上もの遠距離を低空飛行を続けて最新鋭のミサイル探知機を通り抜け目標の基地攻撃をしたとなると、事態は深刻である（「無人機の脅威　石油王国打撃」『東京新聞』二〇一九年九月一六日）。

こうした兵器がテロリストや反体制分子によって使用されると、いままでとは異なる状況が起きる。シンギュラリティに達した人工知能を人間が果たして制御できるのか。現代の戦争は、ＡＩの戦い、その意味で物象化の極致に達している。

本来人は人を殺せない

物象化した兵器が恐ろしいのは、殺人が人格性を表さないため、ＡＩ兵器を使用した人間に、通常、人殺しに伴う罪の意識なり責めの感情を呼び起こさないことである。すなわちＡＩ兵器は、使用者の人間としての責任意識も倫理感も希薄化させる。

『戦争における「人殺し」の心理学』によると、人間は、同じ人間を殺すのを躊躇する本能をもつという(グロスマン、44, 62, 72)。アメリカは、インディアンとの抗争、南北戦争、第一次世界大戦、第二次世界大戦、朝鮮戦争、ベトナム戦争と経験しているが、ベトナム戦争を除いて、多くの戦争で人に向けた発砲が、非常に少ないとされる。

ベトナム戦争では、発砲率が著しく向上した。その理由は、「ベトコン」として、犬、畜生並みにベトナム兵の非人格化が徹底的に行われたからである。人は、同じ人間どうしの闘いでは、殺しあえないようにできている。殺しあえるのは、ユダヤ人虐殺のような特殊な操作の下で、すなわち人間としての品位を含め、すべてを奪い去り、番号で呼ばれているような状況である(フランクル、4)。

しかし、今後、ＡＩ兵器のようなものが威力を発揮すると、通常の人間の心理では行えないようなことが、起きるようになる。そうならないように、ＡＩにも倫理を身に着けさせる試みもある。ロボット倫理(Robot Ethics)という分野である(二〇二〇年七月一六日、「生存研」にて東京通信大学加藤泰久教授より教示)。しかし倫理には、責任を伴い、責任が課されるのは行為する主体が自由だからである。

すなわち大人としての人間に責任が課されるのは、行為が自由に選び取られたものだからである。自立的な大人の行為は、責任を取ることによって倫理的義務も果たされる。ロボット倫理により、創る人間ではなく、創られたロボットに倫理なり責任を求めるとなると、ロボットに自律性を与えることになる。ロボットは、どこまで自律化できるのか、果たして起きた出来事に責任は取れるのか、誤って人を殺してしまった場合、ロボットが責任を取るとはどのようなことなのか、難しい問題が潜む。

決め手は社会的距離

人が同じ人を殺せるのは、距離いかんという。距離には、物理的距離と心理的距離があり、心理的距離には、文化的、倫理的、社会的、機械的距離などがある（グロスマン、263）。この距離、すなわち社会学的距離について重要な考察をしたのは、ジンメルである。

例えば社会学は自分と同じ人間の諸行為連関を扱うが、同じ文化共同体にあっては、諸行為連関の意味なり意義は、同一共同体の人間にはわかりにくい。むしろほかの文化圏の人間の方が、行為の特徴も意義も認識しやすい。すなわち日本の文化の特質や意味は、外国人の方が気がつきやすい。日本人に、自国の文化は近すぎるからである。

ということは対象の冷静な認識なり客観化には、当該文化に飲み込まれないある距離を必要とするが、これをジンメルは、異邦人との関係で説いた。土地を渡り歩く異邦人こそは、どの土地にもとらわれない、とらわれない限りで、その土地の価値観からも自由で冷静な観察が可能になる（ジンメル、1994下、287）。ここには、ジンメル自身がユダヤ人という醒めた現実もあった。

殺人も同じである。人間は、近しい人は殺せない。関係者の嗚咽《おえつ》、涕泣《ていきゅう》が浮かぶからである。そこでいろいろな距離を採用することになる。戦争で実際に起きた話だが、近くに敵がいるのを確認すると、発射台の所に戻って、砲弾を放つという。銃を持参して不意を突くことはできるのだが、結果があまりに生々しく、これには躊躇する。一人では発砲しないが、みんなと一緒だと発砲する。殺しても、自分の銃弾とは限らないからである。一種の殺人に対する非人格化の試みといえる。

これはあたかも生殖医療の次元で、子にめぐまれない父親が、自分の精子といれ交ぜに提供者の精子を妻に注入する行為に似ている（長沖編、49）。あるいは、精子提供を受け人工授精した後で、当人どうし、性的に接触する例を読んだことがあるが、これらの行為とも似ている。兵器の場合は、自分の関与を断つためであり、性的行為の例は、子孫との繋がりを万分の一でも残すためではあるが、人格性を断つ、保つの違いはあるものの、ともに繋がりという主観、人格性にこだわる点で、共通のものがある。

距離が近すぎ、人格的な関係が生じかねない範囲では、人は人を殺せない、物象的な関係に置き換えてからでないと、殺せない。物象的な関係とは、この場合、記号化なり、直接性を抹消する距離化である。

文化的距離とは、人種の違いなどに訴える、自分とは異なるという距離である。グック、ニップ、クラウト（ドイツ兵の別称）、あるいはベトナム人をボディカウント化することである。ベトナム人を非人格化するため、死者の数値化が行われた（グロスマン、269）。

倫理的距離とは、相手を人としての共通な倫理も持ち合わせていないとする距離である。「オレにとってやつらは畜生以下だった」（同、262）といい聞かせることである。アメリカの戦争では、この倫理的に訴える戦争が多い（同、277）。

社会的距離とは、ある階層以下を人間以下にみなすこと。機械的距離とは、殺人に機械を介在させること、自分の手は汚さずにテレビゲームの感覚で人殺しができること（同、268）である。

参戦した者はいう、画像による闘いは、人間をみないでテレビをみればいいところがいいと（同、282）。「自分の武器が人の膝を砕き、誰かを未亡人にする。敵は自分と寸分たがわぬ人間で、同じような仕事や任務に就き、同じストレスや緊張を感じている——こんなことを絶えず考えていては、戦場で立派に兵士の務めを果たすのは難しい……敵をもっと抽象的に捉え、訓練中に非人格化してしまわなければ、戦闘に耐えることはできない」（同、傍点引用者、302）。

「距離」の意味を説いたジンメル

前に距離について社会学の分野で初めて論じたのは、ジンメルだと述べた。ジンメルの距離に関する考察は、本書執筆中、コロナウイルスとの関係でも再認識させられた。ジンメルが、距離についてこだわったのは、一九一七年の『社会学』以上に、一九世紀末に上梓された『貨幣の哲学』の方である。

周知の通り、『貨幣の哲学』は、分析編と総合編に分かれ、双方とも三章からなる。「距離」の問題が社会学的に問われるのは、後半の総合編の最後の章「生活の様式」と題された箇所である。資本主義社会において、ときに人々を「集合」させ「離反」させる貨幣のあらゆる側面を考察したジンメルは、人々の生活様式のなかに具体的な「離反」と「集合」の形式を見届けておきたかったに違いない。コロナの時期にこの箇所が気になったのは、すでにジンメルが、近代的都市の病を密集・密接として、「距離」をキーワードに分析していたからである。

ジンメルはいう。「大都市の交流の相互の密集と多彩な混雑とは、あの心理的な距離化(psychologische Distanzierung)がなければまったく耐えられないであろう」(ジンメル、1999, 538.s.542)。人間が、物理的に不快と思いつつも、密集する巨大都市で生活できるのは、心理的な距離、すなわち他者への無関心との引き換えによる。コロナの時期、三密を避けるよう叫ばれたが、いわれるまでもなく、誰しもこのような密集空間は不快であろう。一定の物理的距離は、人間にとり健全な生活への一歩である。

しかし、巨大都市では、物理的距離を確保するのは不可能である。それに代わるのが、心理的距離としての他者への無関心である。人が混雑した空間でスマホに夢中になるのは、私は隣のあなたに関心がありませんとの別表示、「周囲への無関心」(ハンセン、106)のサインなのだ。他人への無関心は、巨大都市を生きぬく心理上、不可欠な手段である。

『貨幣の哲学』と題されているのは、近代社会においてこの貨幣が「近接」と「分離」の基本を握っているからである。「数百のなかから一例を挙げれば、貨幣形式によってはじめてドイツの資本家は、そしてまたドイツの労働者も、スペイン内閣の更迭やアフリカの金鉱の収益や南アメリカ革命の成り行きに真に関与することができる」(ジンメル、1999, 537-8.s.541)。

遺産相続などにおいて、近しい者どうしを離反させるのも貨幣であれば、株や投資において、海外の見知らぬ者どうしを近づけるのも、貨幣である。資本主義社会におけるこうした「離反」と「近接」は、その要としての貨幣を登場させることなくしては、理解不可能である。

距離の喪失と結果の凄惨さ

人類の歴史は、別に戦争と兵器の開発の歴史でもある。兵器開発に必要な技術は、いつも戦争により長足の進歩を重ねてきたという意味で、戦争技術史観も成り立つ。戦争は、人類の歴史と共に古く、いつの時代にも存在した。かつ兵器は、ときおり平和裡に民衆の生活に応用され、生活に転化された技術は、人と人の関係すなわち社会関係の在り方を大きく変える。例えば、もとは軍事用に開発されたパソコンのように。

では戦争の記号化は、なぜ近代戦を悲惨なものにするのか。コンピュータは、距離観念を変えた。隣人にメールを送るのも、地球の反対側の人間に送るのも同じ時間と操作を要するということは、電子機器は、空間上の差を無意味なものとした。現代の戦争は、現地に行く必要がない。人は、距離に無関心となり、同時にそれは、現地の人への無関心となって現れる。

現地の気候、環境、場の共有による他者理解、同情、同一心理発生の欠如、これらは、クラウゼヴィッツ時代の戦争と現代戦の決定的に異なる点だ。現代戦は、対人との人格的関係の生じる余地すら与えない。

刀剣や弓矢の兵器の時代から、銃砲のような対人兵器へ、そして対人兵器を無効化した火薬や核時代になることにより、人格的要素が希薄化するにつれて、兵器の及ぼす影響も広域化する。

戦争の結果はいつの時代も悲惨なものだが、それでも現代の悲惨さと以前のそれを分かつのは、敵・味方が同じ場を共有するか否かにある。現代の戦は、場を共有せずに戦争そのものが物象化の度合いを強め、非人格的なものとなるため、人としての倫理も躊躇もみられなくなる。完膚なきまでに敵陣を崩壊させる精度のみが追求された結果は、場を共有しない分、凄惨なものとなる。

また戦う前からサイバー攻撃や情報攪乱により、心理戦が生じる。意識や精神の錯乱状況においては、人たる倫理観も喪失する。正常心なき戦いは、いっそう悲惨な結果を導く。手段としての武器の物象化、記号化に伴う結果の凄惨さが、現代戦の悲劇を象徴する。

進む非人格的感情と言語

キーラー・ロボットやＡＩ搭載の兵器は、これまでみてきた人間の複雑な感情を、すべて省略して目的を完遂する。

「戦争は人を変える。戻ってくるときは別人になっている。そのことを、社会は昔から理解していた。未開社会で、共同体に復帰する前に兵士に浄めの儀式を課すことが多かったのはそのためである。これらの儀式では、水で身体を洗うなど、形式的な洗浄の形をとることが多い。これを心理学的に解釈すれば、戦いのあと正気に戻ったときに必ず伴う、ストレスや恐ろしい罪悪感を乗り越えるための手段と見ることができる」(グロスマン、419)。人を殺すことは、昔からかくもリスキーなことなのだ。これを一新しようとしているのが、近代兵器である。

「兵士には、人を殺せない」(同、389)。「第二次世界大戦中、七五%から八〇%のライフル銃手は、敵にまともに銃を向けようとはしなかった」(同、388)。兵士の発砲率は、一五%から二〇%、それが朝鮮戦争では特別の訓練で、五五%まで発砲率が高まり、ベトナム戦争では、九〇%から九五%にも昇る(同、390)。

この先、ＡＩ機器が進化すると、ＡＩは「魂のない殺人兵器」となるのではないか。ＡＩは、人間にも勝る精密機器ではあるが、倫理なり精神が欠けている。人としての感覚も感情も欠いている。ＡＩ兵器は、人の死に対し何の感情も示さない究極の物象化された兵器であり、何よりもＬＡＷＳに顕著なように、攻撃する最終判断も人が下さなく済むところに、不気味さがある。このような人間としての感情をもちえていない、ただ精密さのみが追求される部隊は、「魂なき軍隊」とも呼ばれる（「ロシア「魂なき軍隊」編成へ」『東京新聞』二〇二一年九月二二日）。

こうした近年の技術革命に加え、人殺し兵器の非人格化を加速させているのが、グローバリゼーションである。経済、政治のグローバル化は、文化のグローバル化を引き起こすが、文化のグローバル化の好例は、言語の国際語化である。いうまでもなく言語の国際語は、英語である。ＡＩ兵器の多くは、英語でインプットされている。ＡＩ兵器に熟達する者は、指揮命令系統も英語でなされなければならない。

母語には、それぞれ民族固有の生活倫理、道徳、知恵、文化が付着しており、言語はいわば民族の言霊《ことだま》でもある（佐久間、2001, 210）。各民族の言語が、それぞれ固有の箴言《しんげん》を有し、美しい表現や価値を有するのはこのためである。

ところが、民族の言語が外国語に代わると、各民族の言語がもつ固有の倫理も道徳も削り取られ、言葉は最低限度の情報の伝達のみが使命となる。人を殺す指揮命令も、自国の言語でなく外来語で理解し、従うことで、母語とは異なる心理をもたらす。ルカーチの述べた感覚麻痺による、感情のモノ化の類似の例になる。ここにも非人格的な言語を使用する、物象化の罠が潜む。

人の生死の問題も、人間の自然な感情表出としての母語から外来語に置き換えられることにより、非人格化され、日常的な倫理の及ばない危機も忍び寄る。同時に軍事のＡＩ化により、戦場のシンギュラリティも現実化すると考えられる（渡部・佐々木、182）。戦場のような瞬時の判断を要するところでは、私情を交えない点でも、冷静さにおいても、人よりＡＩの方が優るとされる。気がつくと戦場に兵士はいなくなり、人に代わりＡＩどうしの戦いになる。戦闘は、物象化されつつも、命令する人がいなくなるまで、いやいなくなっても続くかもしれない。

三章　親の不透明な生殖医療

1節　物象化される生と性

体外受精が問いかけるもの

こんにち、技術の進歩がここまで来たのかと思わせるもう一つの例は、生殖補助医療（ＡＲＴ）の領域である。この領域で起きていることは、歴史があらゆる面で確実に、非人格化・物象化の過程を歩んでいることを物語る。

あらためていうまでもないことだが、生殖には三つ要素が不可欠である。すなわち精子、卵子、子宮であり、精子は男性に、卵子と子宮は女性にあり、このどれ一つを欠いても子どもは生まれない。しかし精子と卵子は、医療技術の進歩により、当事者（人格）から切り離し保存できるようになった。そして精子と卵子の受精卵を育む子宮も、シャーレで胚にまで成長させることが可能になった。

この技術を象徴するのは、一九七八年七月、イギリスでルイーズ・ブラウンさんが、世界で初めて体外受精(in vitro fertilization, IVFと略)によって生まれたことによる。体外受精とは、卵子と精子を体外で受精させて胚を創り、その胚、すなわち受精卵を女性の子宮に戻すことをさす(石原理、2016, 11)。

体外受精の成功は、人体から切り離せない子宮の機能も人工的に創りだしたことを意味する。妊娠とは、卵巣で排卵された卵子と膣を通って子宮へとたどり着いた精子とが卵管内で受精し、子宮へ移ることで行われる。これらの過程は、女性の体内でのみ行われ、体外では不可能だった(同、91)。これが体外でも可能になったのであり、これは出産をめぐる革命だった。

この革命性は、人工授精(artificial insemination)の比ではない。人工授精とは、自然な性交渉でなかなか妊娠しないときにとられるもので、授精しやすいころ合いをみて直接精子を子宮に注入する方法である。すでに日本でも一九四〇年代後半から試みられ、世界ではもっと古い。

世界の例では、人工授精に関し医学、法学の観点から、日本でいち早く取り上げた『人工授精の諸問題』所収の宮崎孝治郎論文によると、一七九九年にイギリスで最初の人工授精が成功とある（小池他編、4）。根津八紘・沢見涼子共著の年表も同じ説にたつ（根津・沢見、18/18）。人工授精の方法は、動物の品種改良に古くから用いられてきたもので、この技術を人間にも応用したものである。

しかるに体外受精とは、精子と卵子を特定の体から切り離し、シャーレのなかで受精させ、再び女性の子宮に戻し出産させることになるが、その革命性は、シャーレのもとでの受精が必ずしも配偶者（パートナー）のものと限定されないなかに（柘植、2012, vii）、いかんなくうかがえる（ただし、人工授精の場合も夫の精子とは限らない）。

受精と授精は違う

それでも体外受精を受精（fertilization）と書き、授精（insemination）と書かないのは、体外に取り出された精子と卵子が、たとえシャーレ（容器）のなかであれ、自然に受精するからであろう。たしかに体外受精でも、人為的に一個の卵子に数万個の精子を振りかけるという。競争、闘争させないと受精（石原理、2016, 29）が起きにくい自然界の理を利用してのことだが、それでも受精そのものは自然の力に任せる。

対して人工授精の場合は、授精そのものが自然にではなく、顕微授精であれ試験管授精であれ、人工的だからである。とくに顕微授精では、「精子をいきなり卵子の中に入れる」(同、29)。細かなことだが、自然に対する人為性いかんで、字も使い分ける。日本最初の人工授精医師安藤畫一は、「種つけ」というのが実情を一番よく示すが、動物ではないので「人工授精」と呼んだという(小池他編、10)。

事実、辞書をみるとinseminationとは、「土地に種をまくこと」とある。自然に雑草が生えてくるのと区別され、あくまでも人間の手を介して生育することをさす。植物界で自然に生じる「じゅふん」は、受粉だが、人の手でなされる人工「じゅふん」は、授粉と書く。手偏がつくことで「人為性」(人の手)なり操作性を表している。

人工授精にも配偶者間(artificial insemination by husband, ＡＩＨと略)と非配偶者間(artificial insemination by donor, ＡＩＤと略)とがある。ただし近年、ＡＩＤは、エイズ(同じ単語にSが付く)との類似・混同を避けるためにも、提供精子による人工授精という意味でＤＩ(donor insemination)と略記することも多く、本書もこれに従う。配偶者間の人工授精は、妊娠困難な夫婦の治療の一環であり、生まれてくる子どもは、配偶者の子どもであり、遺伝子上からも通常の家族と変らない。

一方、非配偶者間の人工授精による子どもの誕生は、それが妊娠困難な夫婦に対する治療の一環であっても、生まれてくる子どもは、通常の夫婦関係なり家族関係では想定されなかった新しい家族問題を含む。親子にとり同じ人為的、人工的な操作であっても、子にとっては、将来、その人格の知れないとき、深刻な問題となる。

本章で人格が知れないとは、人格といっても精神的な高潔性に関することではなく、親子間で生物的に繋がりのない状態を指す。これまでの関連でいえば、両親なり一方の親と血の繋がりがないことである。

人類史を顔のみえる人格的な関係から、モノに被われる物象的な関係の流れでみる本書では、親と血の繋がらない子の関係は、精子や卵子の商品化による非人格的関係の一例として捉えられる。このような人と人との繋がりという、歴史貫通的な視点から家族関係を照らし出すと、これまでの生殖医療の世界だけで説明されてきた研究ではみえなかった、何がみえてくるか、考えてみたい。

「非人格化」とは、医学的にはあいまいな表現ではあるが、子どもを広く家族関係、社会関係のなかでみる際は、有効である。子どもは、成長の過程で容姿や性格、性癖を通して親との関係（類似）を確認し、心のバランスを取りながら大人になる。「非人格化」とは、親と異なる遺伝子やＤＮＡを指す。遺伝子が異なれば、親の子への性質を含め容姿の人格性は受け継がれず、可視化されない。

物象化論との関連でいえば、「カリスマの物象化論」に顕著なように、人為的な授精という技術（物象化）による人格性の後退である。現行の生殖補助医療のもとでは、子が親の人格性を知らないばかりか、提供親も自己の人格性が誰に継承されたか、わからない。現在は、二重の意味での非人格化が進んでいる。

たしかに生殖医療をめぐり、医学会、生命倫理学会、宗教界まで含めいろいろ議論されているが、筆者自身、既存の概念だけでは十分に捉えきれていないものを感じている。子の性質・性格が、遺伝子によりすべて決定されるものではなく、環境などの果たす役割は十分に認めたうえで、可視化される病気を含め、性質や容姿を彷彿するものとして人格化・非人格化概念を用いたい。人間とは、関係性そのものの生き物なのに、基本となる親子の関係性も問えない存在は、たしかに残酷である。

子どもが独自に自分の位置を確認しながら成長する経過をみるには、ＤＮＡのような不可視な生物学的要因より、人格化のような容姿等の可視化を含む社会学的要因の方が重要である。親の遺伝子やＤＮＡ継承の有無を、人格化、非人格化と文系の関係性概念で置き換えてみたい。

出産の諸類型

現在日本では、進歩の著しい生殖補助医療の規制に関し、明確な法が存在するわけではない。ただ、二〇〇三年厚生科学審議会生殖補助医療部会が、医療革新の続く生殖補助医療の適用に関し報告書をまとめ、ガイドラインを公表している。

例えばそこでは、精子や卵子、胚等の提供による生殖補助医療の対象者は、子の誕生を願い、出産可能な年齢の、かつ法律上の夫婦に限定している（「生殖補助医療部会」、2003。のちに事実婚も含まれる）。また代理出産は、認めていない。しかしグローバル化が進むなかで、技術的にさまざまなことが可能になると、日本で禁止しても、例えば代理出産などは、認められている国で行われる。

ここでは、日本の生殖補助医療部会の方針とは別に、受精が、女性の子宮以外、すなわち体外受精が可能になると、どのような出産形態が考えられるか、考えてみたい。体外で受精させ、受精卵を妻の子宮に戻して出産するだけでも以下の形が考えられる。

夫の精子と妻の卵子によるもの＝①、夫の精子と他人の卵子によるもの＝②、他人の精子と妻の卵子によるもの＝③、精子も卵子も他人のもの＝④の四通りである。

しかし妻の体内に戻すのではなく、他の女性の体内に移しての出産(いわゆる代理出産)となると、これまでの子の誕生(①、②、③、④)プラス妻以外の女性によるものとなり、出産は次の計八通りとなる(順次⑤、⑥、⑦、⑧とする)。⑧は、特異なケースになるので、受精・出産のタイプに加える必要はないともいえるが、これについてはのちほど触れる。

①の子どもは、両親の人格性(遺伝子)を丸々引き受けている。これは、母親のもとで体内受精が困難だったので、体外で確実に受精したまでのことである。これは、結婚年齢の高齢化などにより近年増えている。

二〇一八年に体外受精で生まれた子どもは、五万六九七五人で、同じ時期の総出産数九一万八四〇〇人中、一六人に一人(6.25%)だが(『東京新聞』二〇二〇年一〇月三日)、一九年に誕生した数は、過去最多の六万〇五九八人、一四人に一人、一九八三年以降、この技術により産まれた子どもの総数も、七一万〇九三一人となり、すでに七〇万人を突破している(『東京新聞』二〇二一年九月一五日)。

産業の発展とともに、結婚年齢が高くなる。命の誕生に関し人間の世界で起きていることは、自然のリズムに反した生き方なのだ。他の生物には、自然に逆らった妊娠、分娩がない。出産の高齢化は、人間にのみみられる現象である。

こんにち日本では、出産する女性の六割が、三〇歳以上という。三〇歳を超えたのは二〇一三年で、この年に出産する年齢は、三〇・四歳になった。一九七五年には、二五・七歳だったから、四〇年弱で、出産年齢の平均は五歳も老いたことになる(石原理、2016, 98)。妊娠が困難な背景には、こうした高齢化が関係している。現在は、治療費などが高いので利用者は激増とまではいえないが、二〇二二年四月より、女性に年齢制限は課されたものの、人工授精や体外受精にも保険が適用されることになったので、治療を望む人は増えるだろう。日本生殖医学会も、妊娠に苦労している夫婦に向け、体外受精を強く勧めている(『日経新聞』二〇二二年六月二五日)。

②、③は、夫婦の精子なり卵子が使用できずに、配偶者以外のものを使用することによる。②は、野田聖子(個人のプライバシーにかかわるので匿名を考えたが、インターネットや新聞でも公表しているのでそのままにした)の取った方法で、出産を決意したのが五〇歳ということもあり、夫の精子とアメリカ・ネバダ州で卵子提供を受け、受精卵を野田の子宮に移したものである。また③は人工授精では、前述した非配偶者間人工授精(DI)が、体外受精より前から行われていた。

現在多くの国で、提供された精子も卵子も匿名を条件に提供されるのが一般的なので、こうして生まれる子どもはこれまでの家族関係からすれば、父なり母が遺伝子上匿名であることから一方の親の「非人格化」と捉えられよう。これらのケースの問題については、のちほど子どもの悩みからその一端をみる。

また②、③は、夫なり妻が第三者の精子や卵子の助けを借りるので、間接的にせよ不倫・不貞と同じ現象を含む。他人の精子であれば、妻の不倫の、他人の卵子であれば、夫が他の女性との間にもうけた不貞と生物学的には同じことが起きる。子どもからみると同一家庭の成員ではあるが、両親の自然な性関係の下では、決して生まれないケースである。

形態上は、夫なり妻の連れ子や養子に似た面はあるが、養子は親の血は受け継がないのでそれとも異なる。②の場合は、母親の血は受け継がないが、母体を痛めた記憶は残る。③なら、母親の血を引くのみならず、母体を痛めた記憶においても、普通の妊娠と変わらないが、いずれの場合も一方の親の「非人格化」(遺伝子を欠く)という側面は残る。

ある女性は、無償で提供された卵子を使用し、夫の精子と体外受精させ受精卵を作成し、凍結保存中感染症のないことを確認のうえ移植され、妊娠したという(『東京新聞』二〇一七年三月二二日)。これまでの受精では、卵子の提供者と夫が性交渉しない限り、出産は不可能だった。子どもの母親は出産した女性になるが、遺伝子上は、卵子提供者の女性のDNAを受け継ぐ。

生物上の母親と法律上の母親の異なる例である。

他にも②には、根津医師の排卵しない姉に代わり妹の卵子と姉の夫の精子とを体外受精させせ、その後、姉の子宮に戻して出産したケースがある(平井美帆、207)。

③の体外受精で衝撃的なのは、二〇一六年九月一八日の『東京新聞』が、同じく長野県諏訪マタニティクリニックで、過去二〇年の間に、夫の実父より精子提供を受け体外受精した一一四組の夫婦から、合計一七三人の子どもが生まれたことを公表したことである。夫はいずれも無精子症という。

この時点で日本産科婦人科学会は、体外受精に関し、夫婦間と匿名の第三者からの精子提供による非配偶者間人工授精(いわゆるＤＩ)は認めていた。しかし諏訪マタのような、妻の義父とに関しては特段ふれていない。以前なら、息子の父と息子の妻(嫁)との子どもは、不道徳の象徴のようなケースであるが、体外受精の進化は、性行為を伴わないことで、子どもが欲しい人なり、家系を絶やしたくない人の救済策になっている。新たな家族問題の提起である。

人間を人と人との相互行為、諸関係の産物と考える社会学の立場からすれば、こうして産まれた子どもとかれらをとりまくその後の家族関係の変化に関心があるが、日本ではこうした子どもの出生も含め伏せられることが多く、子どもの成長後の家族・親族関係の変化には、まだまだ分からないことが多い。同じアジアの台湾では、親族間での精子や卵子の提供は、法律で禁止されている。理由は、家族関係を乱すからという（柘植、2022, 105, 280）。日本も家の存続等、やむを得ない事情が関わっているとはいえ、子の誕生後、精子や卵子を融通し合った近親者どうしの人間関係に、変わりはないのだろうか。

④は、精子も卵子も譲渡されながら、自分の子宮で子どもを出産するケースになる。卵子は、歳とともに不妊の原因になるが、女性の生む能力そのものは、それほど落ちないという。海外では、六〇代、七〇代の出産の例もある（小林亜津子、2014, 45）。これは、独身でも夫婦でも起きる。かつ生殖医療に関し、本質的な問題を提起する。

なぜなら④の子どもは、遺伝上、夫婦の人格性は何一つ受け継いでいない。しかし日本の法律は、子の産みの親を母親と規定しているので、法律上は「正当」な母親である。法律上は「正当」であっても、生物学的には夫婦の遺伝子は何も引き継いでいない。遺伝子上は、両親の「非人格的」な子といえよう。

親子の絆は、とくに女性には妊娠時の母子体験が重要である。「代理出産」のつもりが、妊娠時の体験が子に対する強い絆となり、引き渡しを拒否することはしばしば起きるから、母性としての絆の強さが母親の自覚を促すこともある。

④はまた、夫婦のＤＮＡを何ら受け継がない点で、養子縁組と同じである。となると養子縁組は、昔から制度的に認められておりながら、精子と卵子の時点での体外受精が、しかも自分で産みながらなぜ日本では、制度化、法制化が避けられているのか、難しい問題も問われている（石原理、1998, 171）。

子どもからみると、養子縁組の子と精子も卵子も譲り受けて出産した子で、この世に生まれた後は同じでありながら、生まれる前は違うとどこまでいいきれるか、精子、特に提供卵子による出産の認められている国と比べ、生殖医療の難しい問題が潜む。

②、④は卵子の提供を前提にするが、厚生科学審議会先端医療技術評価部会と生殖補助医療技術に関する専門委員会は、二〇〇〇年に報告書を出し、「提供卵子による体外受精」を認める方向性を打ち出した。しかし日本産婦人科学会は、認めていなかった。動いたのは、二〇二〇年一二月に「生殖補助医療の提供等及びこれにより出生した子の親子関係に関する民法の特例に関する法律」が、事実上「他人の卵子」の使用を認めたことによる。

これを受けて日本産婦人科学会は、日本生殖医学会会員や政府とも連携し検討する方向（『朝日新聞』二〇二〇年一二月一二日）と報じられたが、二〇二一年六月、『精子・卵子・胚の提供等による生殖補助医療制度の整備に関する提案書』（「提案書」と略）として、その方針がまとめられている。

「提案書」では、精子、卵子、胚の提供に関する公的管理運営機関の設置、これらを扱う制度の整備、子の出自をめぐる権利の保障や近親婚を避ける体制の確立等を重視している。

代理出産

⑤は、いわゆる代理懐胎（出産）といわれるもので、ホストマザーともいわれる。生まれながら子宮がないか、手術で子宮を摘発したことに伴い、夫婦の受精卵を他の女性の子宮に着床させ、出産することである。技術的にこうしたことが可能になると、生まれながら子宮のない娘に代わり、母による代理出産（生まれる子は孫に相当）や、姉妹思いの姉妹による代理出産が起きる（根津、2004, 121）。生まれながら子宮のないロキタンスキー症候群を患う女性は、五〇〇〇人に一人の割合でいるという（石原理、2016, 145）。

ロキタンスキーは、染色体がＸＸで完全な女性であっても、思春期になり生理が来ないことで初めてわかることが多い（同、146）。卵巣は、まったく正常なので毎月排卵は起きる。根津医師のケースは、排卵時に娘の卵子と娘の夫の精子の受精卵を祖母の子宮に移植したのである。医学的には可能でも、生殖年齢を超えた女性、祖母の出産には危険が伴う。出産後は、祖母が実子として届けたのち、娘夫婦に養子縁組させる方法で子どもを引き渡している。

さらに代理母(以下でいう代理母は、代理出産と同義)が国を越えた例に、タレント向井亜紀の例がある。手術により子宮を摘出していた向井は、自分の卵子と夫の精子で作成した受精胚をアメリカ・ネバダ州の代理母と契約を結んで出産してもらった(同、174)。しかし日本は、彼女を子どもの母親に認めなかった。日本の法律は、出産した女性を母としているからである。しかし向井は、代理母に託すことを事前に公言していたので認められなかったが、海外で代理母に産んでもらっても、帰国後、自分で産んだことにして認められるケースはいっぱいあるという(同、175。根津・沢見、162)。

⑥、⑦は、近年増えており、子どもの知る権利も含め、②、③との関係でも問題は後ほどみる。②と③では(④でも)、妻は妊娠・出産を通し、胎児が動いたり、お乳が張ったりなどのこれまでにはない経験により、母性が喚起される。⑤~⑧では、そうした経験とも無縁である。⑥は、夫の精子を代理母の体内に注入して懐妊するサロゲートマザーの形と、第三者の卵子による受精卵の懐胎に分かれる。前者について根津は、自分が行っている代理出産と区別し、代理母出産と呼んでいる(根津、2004, 181)。妻の遺伝子は含まないが、夫と似ている部分もあり、母子としての親近感を強める様子が、平井美帆の本に描かれている(平井美帆、81)。

⑦は、夫が無精子症などにより生殖不可能で、妻の卵子は生殖可能でも、妊娠が不可のケースに相当する。卵子を冷凍保存し、高齢になり子どもを欲する際も該当する。

⑧は、精子も卵子もバンクから譲り受け、さらにほかの女性に産んでもらうという、手の込んだものである。このタイプは、自分で産むか否かを基準にした類型なので、理論的にはあり得ても、現実には少ないと思われよう（日比野、12）。養子縁組とも変わらないので、受精・出産のタイプからは除いてもかまわない。ただしアメリカなどでは、独身者がバンク等から精子や卵子を譲り受け、出産する（してもらう）ことがある。日本でも結婚は望まないが、子どもは欲しいと答える女性は多く、将来、増えることも考えられる（垣谷、96, 130）。独身者に特別養子縁組（配偶者を前提に戸籍にも実子として記載）は認められないこと、精子や卵子を選べることが、養子との違いになろうか。

④と⑧の境界も紛らわしい。たしかに④は自分で出産し、⑧は自分で出産しない点で明確に区別されるが、子からみるとどちらの遺伝子も受け継がない点で共通であり、先述の通り非人格性という社会科学の概念で捉えることも可能である。

ただし社会科学の概念は共通していても、母親からみて自分で産んだか否かは、大きな違いであろう。いわゆるお腹を痛めた経験の有無であり、夫婦単位でも妻の出産は、共に育んできた家族の歴史からいっても大きな出来事に違いない。「非人格化」概念では、家族史上、一大イベントともいえる出産という体験の有無がみえないことは難点である。

たしかに体外受精を前提にしたこれまでの例でも、母親像が混とんとしてくる。夫婦の受精卵でも、代理母に頼むと、代理母が法的には母となる。一方、他人の卵子を借りても、自分で出産すると、自分の遺伝子は含まなくとも、民法上は母となる。他方、夫に関しては、他人の精子の使用を承認していれば、出産した妻の夫が父になる。夫の精子でも他人の女性の卵子を代理母に頼んで出産してもらえば、代理母が母になる。依頼した夫婦の子にするには、特別養子縁組をすることになる。ここには古くからの、母は出産した女性との分娩唯一主義ともいえる考えがある。

これだけでも複雑なのに、これまで述べたのは、体外受精の場合で、他にも人工授精の場合が加わる。例えば、③は、精子のない息子に代わり、義父の精子と息子の妻の卵子を体外受精させ、受精卵を妻に戻したケースであるが、体外受精ではなく人工授精で他人の精子を直接妻に注入することも起きる（家田、90）。

①、⑤以外は、父なり母の人格性の希薄な（これまでの用語でいえば人格性が後退した）子どもの誕生である。⑧は当然だが、④の子どもも、夫婦の子どもとしての人格性・遺伝子は、すべて

消失しており、文字通り養子と変らない。さらに①以外は、子どもからみると実質上の父・母問題が、いずれも発生する。比較的単純な②、③の場合ですら、遺伝子上、法律上の父・母問題が生じる。生物学的な父・母と社会学的父・母問題といってもいい。これは、子にとり人生上もっとも重要な問題となる。

また①、⑤以外は、二重、三重の意味で「非人格性」の問題を孕む。二重の意味は前述したが、三重の意味というのは、ドナーがどのような人格（情報）の持ち主か、どのような遺伝子の保持者か、とくに人生後半に発病する素因（精子、卵子提供後に起きる提供者の病気）も含めて、わからないことが多い。代理母とは違い、ドナーは、どのような素因の持ち主か、それほど厳重なチェックがなされるわけではない（平井美帆、164）。適格性検査はあるものの、ハードルが高ければ提供者は減るわけで、精子、卵子提供後の本人「情報」には未知なものが多い。

生殖医療にみる物象化

ここでひとまず、物象化の進む生殖医療の現実をまとめておく。メディアで報道の通り、これまでみてきた妊娠・出産が、商業活動として行われていることは周知に属する。資本主義社会の成立は、すべてを商品化したが、人間も例外ではなかった。マルクスは、人間の労働力も商品化されるなかに、資本主義社会の本質をみた。

時代はさらに進み、現在生きている人だけではなく未来の生命までもが、精子、卵子、子宮等々の商品化を通して「生産」されている。しかし出産が、商品化していることは事実だが、ことの重要性は、物象化にまでさかのぼって考察される必要がある。

たしかに子宮を提供するのは、国内ではより豊かな人に対し貧しい人であり、グローバル化のもとでは先進国の夫婦に対し、途上国の女性であり、国内・国際階級関係は重要である。「底辺への競争（race to bottom）」が語られるこんにち、搾取されるのは、いつの時代もより弱い人々だからである。しかし重要なのは、誕生する子どもの取得関係、再生産される階級関係だけではない。子どもを通して家族関係、社会関係までが、大きな影響を伴う。

物象化とは、労働力の商品化に伴い人と人の関係がモノとモノとの関係として現れることであった。こうした現実が起きるのは、産業社会が深化し、取引されるモノが格段に増大したことによる。とくに交換をスムーズに行うために、貨幣がよりよく機能すればするほど、人と人との関係は、モノとモノとの関係に、貨幣関係に覆い隠されてくる。物象化の深化は、社会の本質を隠蔽し、みえにくくする。いやしばしばみる者を、主客転倒に導く。物象化の進行は、人々に偽りの意識をもたらし、人々の諸観念は逆立ちし、真実をみようとするまなざしを遮る。

ところで現在、生殖医療で進行していることは、授精の次元での物象化を地で行くものである。これまでみてきた②、③、④等々は、現実には、配偶者以外の第三者の精子なり卵子との結合による。本来これらは、人と人とが現実に結びつく行為がなければ、受精卵なり子どもは誕生しなかった。しかし、近代生殖医療の進歩の過程で、精子や卵子を現実的な人間から切り離し、シャーレのなかで結合させ受精卵をつくることに成功した。

それでなければ、結果の問いただす真実は、人間の倫理に照らすと、とても認められるものではない。こんにちの生殖補助医療の世界で進行していることは、なま身の男性も女性をも現実の人としてはなく、人から分離し物象化することにより、モノとモノとの関係に置き換えることで倫理面の難問をすり抜けている。

それだけに物象化されている分、人と人の関係はみえにくくされ、本質は隠蔽され、現実は違う形で映し出される。ところがみえなくされ、真実とは異なる形で映し出される一つ一つは、モノではなく人なので、当人は真実の知れないことに怒り、苦しんでいる。ＤＩで生を受けた人が、異口同音、自分自身がわからずに、ときに機械で創り出されたモノのように感じ、自分を取り返すにも、人としてのルーツを知りたいとの叫びは、物象化された生への異議申し立てととれる。

生産される商品が増し、円滑に交換するために貨幣がみいだされたが、科学が進歩し、体外受精が可能になり、容易に精子も卵子も人から切り離され、売買され、シャーレのなかで受精可能になることにより、家族関係の物象化(ベール化)もいっそう進んだ。家族関係の物象化の悲劇は、同じ親の血を引く子どもどうしの結婚である。いまのような状態で精子も卵子もバンク化され、通販で購入できる商品化が進むなら、近親結婚の起きる可能性は杞憂とはいえない。物象化による商品化、商品化を通して進む物象化、現象の両面をみていく必要がある。これらに関する当事者の恐れは、のちほどみる。

性も世代も超える家族

上野千鶴子は、「家族は性と世代とを異にする異質度の高い小集団である」(上野、505)と述べた。しかし現代の家族は、性を超え、世代も超える。同性愛カップルでも、女性は子どもが産めるし、男性どうしでも自分の遺伝子をもつ子を残せる。世代もDI家族では、親子のあいだで配偶者選択がなされても、血縁上は近親禁忌にふれない。

例えば、前の③、④、⑦、⑧のケースでは、子どもは父親なり両親の遺伝子をもたない。同一家族であっても、父娘間で生物学的に近親相姦というわけではない。まして親の精子も卵子も異なる子どもどうしとなると、子どもどうしでも小説『嵐が丘』のキャサリンとヒースクリフのようなことが起きる。その意味で進行しているのは、近代家族のみならず、従来の家族の終焉ですらある。

本書は、日本の家族を中心に論じている。しかし、イスラームで理想のカップルは、従妹どうしの結婚である。とくに、父親どうし兄弟の子どもの結婚が尊重される。理由は、イスラームの預言者として特に尊崇されているムハンマドの四女、ファーティマ自身が、そうだったからとも聞く。イスラームでその地位を世界宗教にまで高めた功労者に、ファーティマをあげる人は多い。

しかしそうなると、姉妹間で卵子の譲渡が行われれば、族内婚が理想とされるイスラームの結婚では、近親婚の行われる危険がいっそう高くなる。現実に生殖補助医療の革新が続くなかで、イスラーム社会での結婚は、この危機をどう乗り越えているのだろうか。

またエンゲルスの述べた「愛に基づく婚姻だけが道徳的であるなら、同じく愛の存続する婚姻だけが道徳的である」（エンゲルス、105）とすると、こんにち行われている生殖医療の多くは、愛を、お互いの人格性とは無関係という点で困難な問題を提起する。少なくとも現代の生殖技術は、エンゲルスの価値観からすると、子の誕生を愛とは異なる別次元の問題にしたというべきか。

というのもここでの生殖補助医療は、利用者を夫婦単位でみている。厚生労働省の生殖補助医療部会が、前述したように対象者を「法律上の夫婦」に限定しているからである。しかし、⑧のところで述べたが、シングルでも子どもの欲しい人はいる。この先、個人の多様な生き方が進んだとき、シングルでも体外受精等で子をもつことを認めよ、となるかもしれない。いや少子化がさらに進んだとき、社会が積極的に容認するかもしれない。そのとき、現在の生殖補助医療による子の誕生は、エンゲルスの、あるいは近代的な婚姻観を超えることになる。

エンゲルスはまた、「ナポレオン法典第三一二条はつぎのように布告した。――婚姻中に受胎された子の父は――夫である。これが三千年にわたる一夫一婦制の最後の帰結である」(同、86)と。これまた現在進行中の生殖補助医療の技術は、人類三〇〇〇年の間にたどりついた夫の規定や財産相続の権利を否定するものである。

三〇〇〇年にわたる帰結とまでは行かないが、日本でも嫡出推定といわれる一八九八年(明治三一年)施行の民法の確認訴訟が行われた。二〇一四年七月のDNA父子鑑定訴訟に関する最高裁の判決である。このところ、生殖補助医療の進歩が著しいなかで、結婚から二〇〇日経過後の子は、夫の子、離婚三〇〇日以内に生まれた子は、元夫の子と推定する法確認である。あえて明治期の法の確認が結果的に迫られたのは、体外受精や精子の譲渡が行われるようになり、生まれてくる子の人権保障の意味が強い。ＤＮＡ鑑定が容易に行われる現在、鑑定後、自分の子として認めないケースが続いては、子の安定した身元保証がなされないのみならず、訴訟に持ち込まれたとき、鑑定結果が出るまで子の身分が保障されないのも困る。

しかしそうなると、最新の技術により実父が確定されても法的には、実父外の親が父親と認定されることも多く、依然として問題は残る。さもありなん、二〇二一年二月に設けられた法務大臣の諮問機関、法制審議会は、離婚後一〇〇日間の結婚禁止期間を撤廃し、離婚後三〇〇日以内に生まれた子でも出産時に母親が結婚していれば、例外的に現在の夫の子とすることが盛り込まれた（『東京新聞』二〇二一年二月一〇日）。間接的ながら、近年の子の判定をめぐる医療技術を考慮した形でもある。

ジェンダーによる非対称性

本書の出発において、人間はモノをつくる動物だと述べた。さらにそれだけではなく、人間を人工的につくるともいった。生殖医療技術の進化は、その典型である。人間の作った技術、道具により体外受精なり人工授精が可能になると、夫婦だけではなく、兄弟姉妹間での精子、卵子の提供、懐胎のみならず、第三者との精子、卵子の提供、懐胎も可能となる。こうなると当然、家族の在り方なり、家族関係に大きな影響を与える。そのことがひいては、既存の家族法なり民法にも影響を与えざるを得ない。人間が編み出した道具なり技術が、社会関係を変え、法にも影響を与える端的な例が、ここにある。

こうした新しい生殖補助医療をめぐる問題のなかでも、ＤＩに代表されるような夫以外の精子と妻の卵子の受精卵の着床に多くの議論が割かれるのはなぜか。前にみた類型のなかでも②と③のケースでは、③をめぐる議論が多い。繰り返せば②は、夫の精子と妻以外の卵子を体外で受精させ、胚を妻の子宮に戻すものである。③は、夫に受精に至らない何らかの理由があり、他の男子の精子と妻の卵子を体外で受精させ、胚を妻に戻すものである。人工授精は、夫以外の男子の精子を直接妻の子宮に注入するものである。

夫と妻の違いはあれ、非配偶者間での受精卵の作成は、同じである。にもかかわらず、妻のＤＩはあまり問題とならず、多くが夫のＤＩをめぐってなされる。のちほど取り上げるが、人工授精をめぐって半世紀以上も前に慶應大学のシンポジウムで議論されたのも、③の方である。たしかに③には、体外受精のみならず、人工授精の問題も含まれるがそれだけでもないのではないか。六〇年前のシンポジウムでもこのジェンダー間の差は、指摘されている。

妻側からのＤＩが問題視されないのは、妻の不妊のケースは、すでにシンポジウムでも一部の論者がふれているように、古くから離婚の原因になり、配偶者以外の女性との子どもを嫡出子として迎えてきた日本の「伝統」なり「文化」があることと関係するのではないか。夫が原因であれ妻が原因であれ、ＤＩが妻に与える負担も生まれる子どもが一方の遺伝子を欠く点でも変わらないのに、妻側の原因にはやむを得ない措置とされ、夫側の原因にことさら姦通の概念がもちだされること自体（小池他編、63）、同じＤＩをめぐる議論でも、ジェンダー間による非対称性が気になる。

2節　モノ化する生と物象化する性

受精における「非人格化」の始まり

そもそも受精において、親に対する子の「非人格化」が起きるのはなぜか。それはあらためていうまでもなく、体外受精が可能になり、受精に精子も卵子も、配偶者どうしのものである必要がなくなった、子側からみれば親が選択可能になったことによる。子は、親を選べないというのが、長らくの真理であった。しかし現在は、子の意思とは関係しないまでも親を選べるのだ。子の意思と関係なく選べるところに、子の問題の根源もあるといえようか。

一般に人間の細胞組織は、臓器移植が難しいように、他人の細胞には抗原抗体反応が働き、受けつけない。ところが生殖には、この原理が働かない。というのは、子どもは独立の生命体であるからだ。石原理は、子ども自身を「非自己」(石原理、2016, 92)と呼んでいる。

人間の体が、このようにできていること自体、妊娠に関し精子も卵子も妊娠している女性と直接かかわらない結果を生むことになる。ここに受精において、親の子に対する「非人格化」が生じる源泉・みなもともある。

臓器移植が難しいにもかかわらず、他人どうしの受精卵でも着床可能なのは、こうした理由による。ちなみに、臓器移植にも二種類ある。人間どうしの同種間移植と人間と人間以外の動物との異種間移植である。異種間移植が行われるのは、人間の臓器が圧倒的に不足しがちなことによる(粥川、2001, 40-1)。異種間移植には、同種間移植と異なり、動物特有のウイルスなどが紛れ込む恐れもあり、リスクを伴う。

二〇二〇年一月中旬、中国武漢を発生源にするとされた新型コロナウイルス騒動が巻き起こり、やがては全世界を震撼させた。こうした危機は、今後も環境の悪化、自然破壊、科学の未曽有の発展により、常時発生する可能性がある。

人間を中心に異種間移植をみれば、一種の臓器の物象化である。人と人との関係が人と他生物のモノとの関係になるだけでなく、人としての他人から切り取られた臓器どころか人間以外の臓器、動物という種の異なる臓器が入り込んでくる。つまり人そのものの器官の一部が、他の生き物の臓器によりキメラ化する。「あらゆるものは、発展の途上で別物に転化する」という弁証法的な見方があるが、人間の生殖医療も成長・発展の経過で別モノに転化する。すなわち異種間移植が進行すると、どこまで人間でどこまで動物か、深刻な問題も起きる。

蘇る死者——死後懐胎

加えて、こんにちのように細胞の冷凍技術が精巧になると、出産をめぐりさらなる複雑な問題が起きる。すなわち死後懐胎という難問である。なかでも精子の冷凍保存の技術向上は、「生殖医療の時間的制約」を克服したとされる。「精子も卵子も液体窒素で適切に凍結すれば、どれだけ長期間経っても変化する」ことなく、「理論的には数百年、数万年後であっても、受精能力」が「失われることはない」という(石原理、2016, 70)。

かくして配偶者の死後懐胎という問題が起きた。ある女性は、夫が白血病で放射線治療により無精子症になるのを避けるため、事前に精子を保存、その後死亡したので、冷凍保存の精子を使用し出産した。この元妻の夫の子としての認知請求に対し、高裁は父子関係を認めたが、最高裁は認めなかった。最高裁の言い分は、現行民法は、死後の生殖を想定しておらず、立法がない以上、夫の子として認知することはできないというものであった(『朝日新聞』二〇〇六年九月四日)。

すでにこの時点で子どもは、生後五年を経ており、子の最善の措置という前提からも、問題を残す結果となった。最高裁としては、立法のためにも国会を通して議論の周知をはかりたかったのだろうが、いまなお議論が進んでいるとはいいがたい。

医療技術の発展により、精子も卵子も当人から切り離され、冷凍保存されている間は「特殊なモノ」に過ぎなくとも、しかるべき措置を受けて誕生するのは、まぎれもなく人間という現実、こうした科学の進歩に、法が、社会が、つまりは人間がついて行けないでいる。本書の冒頭で述べた精神と技術の不均等発展の好例である。生まれた子どもには、何の罪もない。

当然このような技術は、納得しないままに離婚を迫られた婦人にも起きる。凍結受精卵を別居後に使用し子どもをもうけ、母親が別居後に男性に父子関係を求めた裁判で、奈良家裁は父子関係を認める要件として、「凍結受精卵の移植時に夫の同意が必要」との判断を示した(『東京新聞』二〇一七年一二月一五日)。

精子や卵子の凍結保存の成功は、受精を配偶者間から解放することを意味する。人間は、乱婚に関し、興味をかきたてられてきたが、一方では動物界の出来事として禁止することも身に着けてきた。しかし、精子も卵子も特定の人間から切り離し、体外で受精し、その後、体内に戻して出産可能となると、実態としては、乱婚とまでは行かないものの、類似のことが起きる。すなわち、配偶者(パートナー)以外の性交にともなう子どもの誕生と同じ結果が起きる。子どもからみると、自分は何者なのかという問いに悩まされることになる。

増える選択的シングルマザー

体外受精や人工授精のように、生殖技術がここまで進歩すると、選択的シングルマザーが増える。自分の卵子が健全なら、精子を購入して産むことができるからである。とくにこうした傾向は、失恋のとき、かれへの追慕の一環として起きやすいことが家田荘子の本に描かれている。あるいはハーフの子どもが欲しいなどの願望で、相談を受けるケースもあるという(家田、114)。

もちろんこうした申し出には、精子バンク側がいろいろ問いただし、購入を認めないことが多いが、生殖技術の進展は、選択的シングルマザーを増加させる遠因ともなる。そもそも卵子凍結保存は、癌や重い病気治療のために施されたものだが、世の常として技術的に可能になれば、それ以外の目的でも利用する者は現れる。最近では、キャリア女性が、現在は仕事の関係で妊娠を望まないが、将来は、自分の子どもをもちたいとのことで凍結を希望する例があとを絶たない。このような冷凍保存を、「社会的卵子凍結」(石原理、2016, 99)という。

二〇二一年三月二七日の『東京新聞』夕刊トップは、「悩む女性の道しるべに」と題し、あるスノボ女子選手が、自分の卵子を凍結保存する決意に至ったことを紹介している。彼女は三七歳であるが、競技への情熱断ちがたく、将来よき配偶者と出会ったときの選択肢を残すためにも社会的卵子凍結を決意したという。これまで、こうした岐路に立たされたときは、二兎追うものは一兎も得ずとされたが、近年の生殖補助医療の革新は、双方追うことも可能にしている。

すでにアメリカなどでは、優秀な女性を獲得するために卵子凍結を企業が支援することもあるという。フェイスブックやアップルなどで、二〇一四年から福利厚生として取り組んでいるという(『日経新聞』二〇二一年五月二日)。日本はそこまでは行っていないが、この先、少子化がさらに進めば、取り組む企業も生まれるのではないか。

高学歴化に伴い婚期が遅れるリスク、自然に逆らって妊娠する危機を、人類は科学の力を借りて乗り越えようとする。それが、こんにちの生殖補助医療で起きていることである。高度な文明化という、人類がいまだ経験したことのない状況で、生殖期の遅延に伴う危機を卵子や精子の一種の「非人格化」、奪人格化、物象化で乗り切ろうとしている。非人格化や物象化は、この意味でも、決して資本主義特有のものではない。物象化、非人格化、奪人格化問題は、資本主義という体制を越える。

二〇一六年二月二日の『日経新聞』は、大阪の女性が凍結していた卵子を使用し、女児を出産したことを報じている。卵子を凍結したのは、四一歳のときで、妊娠・出産は四三歳、「結婚後卵子を解凍し精子を注入する顕微授精（体外受精）を実施」、女児を出産という。病気などを理由に卵子を凍結し出産することはあっても、健康な女性が仕事を理由に体外受精に至ったケースは、日本初という。

これで驚いてはいられない。未婚女性が、パートナーがいなかったり、仕事の関係で、将来に備えて卵子を凍結保存中の者が、二〇一五年五月二日の『毎日新聞』によると、三五三人、二六九九個に及んでいる。凍結保存する最大の理由は、現時点での未婚によるが、仕事や「卵子の老化」を防ぐためというのもある。家畜においては、こうした冷凍保存は広く行われているが、こと人間となると、施術後は人に成長するだけに、複雑な想いを禁じえない。

モノ化する精子と卵子

社会科学の古典的な思想家にとり物象化とは、人と人の関係がモノとモノとの関係に置き代わることだった。性行為は、もっとも人と人の関係を示し、その結果としての妊娠である。しかし、現在の生殖補助医療による妊娠、出産は、この人と人との関係が、モノとモノとの関係に置き換わる端的な例である。

体外受精は、配偶者間であろうと非配偶者間であろうと、現実には精子や卵子を固有の身体から切り離し、身体・母体と切り離して受精させる。身体から切り離された精子も卵子も、特定の身体から離された時点で、それは特殊なモノとなる。モノでなければ、精子も卵子もバンク化し、受精等試験操作をすることはできない。精子や卵子が凍結保存され、インターネットで取引きされること自体、モノなり商品として扱われていることを示す。

しかし受精卵となるとどうであろう。いったんモノ化された精子と卵子ではあるが、シャーレのなかで受精すれば、もはや単なるモノではない。人の始まりと重なり、難しい問題を含む。ヒトES細胞により初期胚をつくることが、多くの論争を生んだことを想起されたい。人は、そこに生命の萌芽を直感したのである。

受精卵は、たしかに「人の生命の萌芽」(米本、165。総合科学技術会議、8)と考えられる。事実、受精卵のバンクはない。受精卵は、創られた瞬間にも日々成長を始める特殊な生命なので、授精させる時点で、戻すべき母体は決められていなければならない。特定の体内での受精卵の成長は、失われた人格性の取戻しの過程ともいえる。

しかし人の受精卵は、二重、三重の意味で特殊な「生命の萌芽」である。それはまず、当然、人になるという意味で、人とはかけがえのない私としての人という意味で、成長の暁には、自分自身を知ろうとする生き物としても、特殊な生命である。

受精卵としての特殊な生命の萌芽は、両親の受精卵を用い、母親の体内に戻される以外は、人に成長した時点で、自分自身の全部（父と母）なり、半分（父か母）のルーツを求めて自分探しが始まる。自分自身のことを知りたいと将来、思う点でも人の受精卵は、特殊な生命の萌芽である。これが知れない限り、特定のヒトからは切り離されたままの精子なり、卵子として、物象化されたモノのままであり、自分の根源が確認されて初めて人格性を取り戻す、そのような関係にあることが、近年の生殖補助医療で生まれた成人の姿からみえてくる。

「物象的生」への告発

現在の生殖補助医療の進化に警鐘を鳴らすのは、こうした技術で生を受けた当事者の叫びである。ＤＩが孕む問題を物象化論で解けないかとの筆者の問いは、ある生殖補助医療で生まれた女性本人の手記で頂点に達する。彼女はこう言い切る。

「私は自分を、人と人との関係のなかで生まれてきたのではなく、人と提供されたモノからつくられた、人造物のように感じています」。「自分が誰なのか本当のことを知らないまま死んでいくのは、あまりにもみじめなことです」(長沖編、85)。彼女の医者に対する不信は、そのまま現代医学、生殖医療に対する不信でもある。

同じくDIで生まれた他の者はいう。「よくも人の手で勝手につくったな……生物の命の営みは自然のなかで行われるべき……」だと。DIの技術は、家畜に施すのと変わりないと告発する者もいる(同、113-4)。

親たちに、誕生日おめでとうといわれるのがすごく嫌。裏切られた気持ち。嘘をつくなといって育てておいて、最大の嘘をつく。DIで生まれることは、身体的暴力ではないけれど、精神的虐待である。苦悩がみえにくいものの、これほど過酷な試練はないことが、切々と伝えられている(同、129-140)。

DIで生まれた人には、「私は自分のことを人間じゃないと思いますよ。そう、自分は人間じゃないと思えるの。それがすごく辛かった時期がある。……工場でつくられた人工物というか、そんな感じですかね。実験品みたいな……」(同、150)とまで語る人がいる。

小林亜津子の『生殖医療はヒトを幸せにするのか―生命倫理から考える』にも、見逃せない言葉がある。「DIで生まれた人のなかには、自分が『精子』というモノで生まれたという感覚に耐えられず、そこに『人』がいたということを確認したいという人もいます」（小林、2014, 101）。

なぜ人にこだわるのか。ここにも時代が大きく関係している。本書は、多くの着想をジンメルから得ているが、人工授精なり「秘密」への子のこだわりについても、ジンメル社会学が参考になる。

以前の結婚は、経済・社会的な制度であり、愛の存在は偶然であった。家族の結びつきも財産や家柄で行われる。ところが現在の結婚は、「性愛的な制度」となった。性愛的とは、個々人の愛、想いが基本になったということである（ジンメル、1994上、368）。子からみると自分たち親は、性愛的に結婚しながら、自分という誕生は、親のエゴにより、冷ややかな機械・道具でなされたととる。現代家族の成り立ちからも、DIで生まれた者には、納得しがたいのだ。

これに秘密が加わる。秘密も友人との秘密と夫婦、親子間の秘密では異なる。友人との秘密では、親しいなかにも立ち入れない領域があることをわきまえる。そのような領域を認め合うことが、親友となる前提ですらある。しかし、夫婦間はどうか。秘密の存在は、ときに緊張を生む。親子はどうか。とくに子の小さいとき、親は子の秘密を認めたがらない。それを子はよく覚えているだけに、逆の事態に激しく反発する。

いずれにしてもDIで出生した人は、モノにより生まれたと感じている。歌代幸子もまた、人工授精が行われた当初、「人間を〝物〟あつかい」の批判が起きたことを紹介している（歌代、43）。精子も人間の体から引き離されれば、モノなのだ。

DIは、養子とよく比較され、精子と卵子の時代の養子ともいわれるが、これに対しても当事者は、養子は子のためだが、DIは親のためと冷めている（長沖編、160）。DIで生まれた人は、親類どうし集まるのも嫌う（同、200）。子どもが授かるというが、技術的に産んでおいて授かるとは何だとの反問もある（同、148）。

近親婚は避けたい！

DIで生まれた本人たちの語りを読むと、キューブラー・ロスに描かれた臨死の患者と重なる心の変化がある。キューブラー・ロスの臨床現場の評価には、賛否いろいろあるようだが、臨死者の慟哭描写にはDI告知者に似たものがある。DIを告知された最初は、まさか自分が、何かの間違いではないかと否認の反応を示す。しかしときが進むと合点できることも多く、これまで隠し続けてきた親への怒り、身勝手さへの糾弾に変わる。

やがて時間の経過とともに、いまできることは親から少しでも情報を得て、ルーツとなる本当の親の情報を得ることと冷静になる。しかし匿名を条件として始まったＤＩの壁は厚く、せめて同じ境遇の人との対話や居場所の確保等、自らの運命の受容へと変わり、さらには運命を引き受ける諦念へと変化する。当然、告知された当事者の年齢により、段階には多少の差はある。当事者にとり出生にまつわる秘事は、終末期の告知にも相当する出来事なのだ。ＤＩで生まれた本人の反応には、死を宣告された人に通じる慟哭がある。

最初に引用した女性はいう。「〝子どもの人権〟という視点からは、受精卵、卵子、精子はまだ〝子ども〟ではなく、人権をもった〝人〟として扱われていません。ですが、生まれた子どもにとっては、その出発点から誰でもない〝自分〟なのです。モノのようにやり取りされ、つくられることは、あってはならないと考えています」（同、86）。

またＤＩの場合、提供される精子を完全なものとみなしがちだが、人はいろいろな病気をする。そうした病のなかには、高齢化とともに起きるものも多い。しかし、若い時代の精子には、歳とともに起きる病気が読み切れないリスクもある。

遺伝上の親を知りたい気持ちのなかには、将来、近親結婚を避けるためにも必要と感じる者もいる（同、54）。物象化とは、人と人の関係がモノとモノとの関係になり、具体的な人との関係がみえなくなることだった。ＤＩで進む生殖をも物象的な生と述べたが、リアルな関係性がみえなくなる点では、当たらずといえども遠からず、である。

精子提供者が知れずに、たまたま出会った二人が、同じ父をもつ可能性は皆無ではない。自分のアイデンティティを確認できないゆえに、つまり自己を通して両親を知ることができないゆえに、人と人の繋がりのみえない悲劇の起きる可能性である。同一の精子、卵子、胚による子の誕生は、一〇人まで（卵子提供回数は三回まで）と制限はあるものの（「生殖補助医療の在り方」、ページの記載なし）、それ自体少なくない数である。同じ父母をもつ者どうしで配偶者になりたくないとの恐れは、杞憂とはいえない。

民法第四編では、「親族」に関する規定がなされる。第一章は「総則」で、第二章が「婚姻」である。その七百三十四条では、「近親婚の制限」がうたわれ、「直系血族又は三親等内の傍系血族の間では、婚姻をすることができない。但し、養子と養方の傍系血族との間では、この限りでない」とされる（『戸籍実務六法』、44）。さらに七百三十五条は、「直系姻族間の婚姻禁止」とされ、「直系姻族のあいだでは、婚姻をすることができない。第七百二十八条又は第八百十七条の九の規定によって姻族関係が終了した後も、同様である」（同、44）とある。人と人との繋がりのみえないことが、法に反する婚姻を生む可能性の存在である。

いずれにせよ、多くのDIで生まれた人に共通するのは、怒り、苦悩、戸惑い、不安、自分の存在が虚構ではないかとの虚しさ、人間不信、とくに母親への不信、遺伝上の父を知りたい欲求、DIを即やめて欲しいとの叫び、生まれてきたことに肯定感がもてない、等々のいらだちであり、これらは無視できない（長沖編、108）。

DIでせっかく子をもちながらも、その後離婚する夫婦も多い。DI夫婦の半数以上が離婚しているとの結果もある（才村編、143）。せめてどちらかのでも血の通じる子をもちたいと願い、実際に授かったものの、成長するごとに自分と違う姿をみるのは、辛いことも多いに違いない。DIの子もまた成長の過程で、多くがそれとなく気づいている。家族の人間関係も冷え切り、まさしくモノにも似た関係になっている状態をうかがわせる。

海外の反応

海外の生殖補助医療で生まれた子どもの反応に関しては、『生殖補助医療で生まれた子どもの出自を知る権利』（才村編）が、さまざまなインタビューを載せている。多くの子どもが、成長のある段階で父親との距離をうすうす感じている。この技術を恨んでいる者も多いし（同、

173、193)、医者によっては使用するべきではないと考えている者も少なくない(同、199)。

人工的に創られたということで、モノと同じ感覚(同、177)をもち、苦しむ人が多い。養子は、親に捨てられたという気持ちが生涯消えないように(同、183)、人工授精は、自分はモノと同じなのだとの気持ちが消えない。自分は、とんでもない手段で生まれたのだという気持ちすら抱き、自己破滅に近い衝撃とまで形容する者もいる(同、178-9)。

DIで生まれた者にとり、海外と日本の差はなく、文化にはかかわりなく、当事者本人は苦しんでいる。アメリカでは、生殖補助医療が積極的に行われ、親も秘密にはしていないようなことが報告されるが、DIで生まれた者の慟哭に接すると、人間でありながら、モノとして誕生したことへの共通の違和感がみてとれる。かれらの意識が、当事者としての物象的な生、「モノ化された生のありのままの苦悩」を示している。

リー・M・シルヴァー『複製されるヒト』(翔泳社)の表紙帯には、「二一世紀、人は造られるモノになる!?」とある。これまでの当事者の国内外の反応をみると、帯の形容は、必ずしも誇張には思えない。帯はすでに、人間の茫漠たる未来への不安を暗示している。

生殖補助医療を社会科学の概念で捉えられないかとの筆者の問いは、一つの山場を迎える。生殖医療を両親だけでの問題ではなく、結果において全過程を総括するというサイクルでみると、問題がみえてくる。その手段で生まれた子どもの生に即して考えた場合、当事者としての子どもが、自然の生として受け止められないとすれば、自分でありながら自分ではない、一種の物象化された、非人格的な生ではないだろうか。

精子も卵子も、特定の人から切り離されたとき、それはモノなり商品化されたものである。しかし受精卵となり、特定の体内に戻されることによりモノ化された精子と卵子は、人格性を取り戻すチャンスを得た。しかし人間とは、自分自身を知ろうとする特殊なモノである。自分自身を知ろうとした結果、自分のことが知れないばかりではなく、自分自身をヒトとして肯定できないということは、生殖医療が結果において、大きな問題を残していることを示す。

こうした当事者の怒りは、こんにちの生殖補助医療の技術が進化の極みに達した一面を示す。しかし進化は、今後も続く。全体を構成する各諸領域には、固有の法則性が貫徹している。生殖の領域も、人体から切り離され体外受精が可能になった瞬間から、特殊な生命の萌芽として、その営みはさまざまな形で追求されていく。

人工養育

たしかに出産をめぐる技術は進む。今後の課題は、子どもを子宮に戻さなくとも成長できるシステムの開発である。体外受精が可能なら、そのまま体内に戻さずに成育・養育させることはできないのか。体内に戻すために、法律上の親、生物上の親等の難問が生じるのであり、体外受精卵をそのまま体外で養育させる方法はないものか、誰しも思う疑問であろう。

すでに誕生して間もない赤ちゃんは、未熟児という形で一〇〇〇グラム以下でも育つ。一〇〇〇グラム以下の赤ちゃんは、「超未熟児（超低出生体重児）」と呼ばれ、保育器はインキュベーター（incubateur）といわれる卵の孵化器にちなんで命名された養育機で育てられる。

事実、二〇一九年八月、慶應病院で帝王切開して生まれた新生児は、妊娠二四週間、二六八グラムしかなかった。国内の最小記録である。その後、五か月間、集中治療室で養育され、自力でミルクが飲める退院時には、三二〇〇グラムになった（『日経新聞』二〇一九年二月二六日）。二〇週そこそこで生まれても、その後集中治療室で養育可能なことは、乳児の成長期間、全行程を科学は間もなく人工的に創り出すことが可能ということである。

子どもを子宮に戻さなくとも誕生・生育可能となると、学歴が向上し、仕事を続けたい女性にとって朗報であろう。そのとき、出産を中心に母子関係、父子関係が変わり、それに関する多くの言葉、会話のやり取り、格言、ひいては社会関係が変わる。出産にまつわる言説が変わり、これらの言語が衰退する。

「産みの苦しみ」「おなかを痛めて産んだ」「母性(愛)」「母性をくすぐる」等々の言葉が少なくなり、こうした社会関係が希薄化すると、それだけでも社会は変わる。

おなかで育てないことにより、体の種々の機能も変化する。乳房がはる、母乳の準備が始まる、ホルモンの分泌が行われる……等々、男女の差がますます少なくなり、性差が縮まる。男性・女性の性別より、人間、人であることの方が重要になる。すでにその兆候は、LGBT(L=レズビアン、G=ゲイ、B=バイセクシャル、T=トランスジェンダー)をめぐるやり取りにもうかがえる。

性スペクトラムという考えがある。誰も男性・女性一〇〇%という人間はいない(NHKテレビ「ヒューマニエンス、オトコとオンナ・性のゆらぎ」BSプレミアム二〇二〇年一〇月一日放映)。人は、人体のそこかしこに、中間ないしは反対の特徴をもつ。それが大きいか小さいかで、性アイデンティティも違ってくる。パーフェクト男性、女性はいないのだ。

3節　「想像の共同体」としての未来家族

崩壊する実存哲学——人間の尊厳とは

人間の尊厳とは何か、平凡なことだけれど、これが意外に難問である。ヨーロッパの哲学は、キリスト教の影響もあり、人間の尊厳証明に深く関わってきた。それだけに尊厳というだけで、人をひれ伏させる響きがある。ここでは見方を変えて、宗教とも距離をもつ実存哲学の主体性との関係でみておこう。

実存主義では、人間の尊厳を「代替不可能性」に求める。子の父親としての自分の役割は、他の父親にはできない。同様に母親もである。パソコンは、使い慣れたものは便利でも、他のでも十分に用はたせる。他の機械も、おして知るべしである。

こんにちあらためて人間の尊厳が問われている。その意味で、実存哲学の命題がもっとも鋭くあてはまるのは、ＤＩである。サルトルはいった。人間とは非合理的な存在だと。人の一生は、いつもあれかこれかの選択だが、自分の誕生そのものは、選択できない。それは自分の親に任される。だが誕生後のすべての選択は、自分の意志に任される。

ＤＩにより生まれた人々の慟哭を読むと、サルトルの警告がひしひしと伝わる。ＤＩによる子の誕生を選択したのは、親である。しかし誕生するや、出生の秘密も含めて一身に苦悩を引き受けるのは、すべて子どもなのだ。これ程、人間存在の非合理性を語るものはない。

人間とは、自分は何者なのかを問う存在である。人間とは、時代と社会にあって何をするべきなのかを成長の一時期必ず問う存在である。時代と社会から自分を問うとき、その距離や位置確認のために必要なのが、身近な存在者としての父なり母なのだ。あたかも大海に漂う小船が、大陸や島の位置を確かめつつ漂うように、歴史と社会の大海原に船出する子どもにとり、父と母は、自分の位置確定に不可欠な存在なのだ。

アイデンティティといってしまえば、あまりにも簡単であるが、子どもにとり親とは、歴史と社会の大海原で自分の位置確認に身近な存在なのである。青年期にあってこの位置確認ができないことは、成長に大きな影響を与える。これまでみた当事者の慟哭は、このことを如実に物語る。

人間の尊厳は、実存哲学が強調する生の一回性、唯一性、代替不可能性と深いところで結びつく。しかし、この実存哲学の命題の多くも、iPS細胞やES細胞などにより、細胞の複製が可能になると、崩壊する。命の永続性、代替可能性が起きつつある。一回性や代替不可能性を根拠にした人間存在の不可侵性が、成り立たなくなる。

未来の家族

崩壊するのは、実存哲学だけではない。生殖医療が現在の形で進化するならば、社会学固有のテーマである家族も変わる。

筆者が社会学を志したころ、家族の基本文献として清水盛光の『家族』があげられた。同書のなかで清水は、家族は、英語の family が、もとはラテン語の familia に由来すると説く。しかも familia は、もとは奴隷や財産を意味したという。この財産に、「物と人、すなわち家族成員、奴隷、土地、家屋、金銭等」の一切が含まれ、これらを統括し所有するのが、男子たる家父長であったという（清水、4）。

いうならば familia のもとの意味には、血縁を同じにする意味は薄く、同じ家に属するモノの方が強かったわけである。想像たくましくするなら、家族に血縁的なものが重視されていったのは、近代国民国家を形成する際、家族が拡大されたものとしての民族、それを包み込む国家として、どの国も血の共同性に訴える必要があったのだろう。

未来の家族は、もともとのラテン語の familia に帰り、父母や子ども、孫との間に必ずしも血や遺伝子との関係を求めない、日頃から生活を同じくする者の集まりとしての非人格的な人間集団に回帰する可能性がある。体外受精、人工授精、精子や卵子の凍結保存、死後懐胎、代理出産、遺伝上の親と出生上の親の分離等は、未来の家族が、血縁関係を欠いた形で成立する可能性を示す。

家族に関しては、従来、どれほど複雑な合同家族にしろ、直系家族にしろ、家族である限り、夫婦を単位にその子どもからなるコアがあり、それらを中心に祖父母、夫婦、父と子、母と子、子と子の相関関係が認められるとされてきた。これらの相関関係のなかには、社会化も含め性関係に対する人間独自の規制等も含まれる。

しかし今後、子どもが父・母と異なる血統となると、これまでの家族理論では解けない問題が起きる。血統に基づく家族理論だけでは、説明不可能なのである。これまでは、同一家族内での父と娘、母と息子、兄弟姉妹のなかの性関係はタブーとされ、禁忌《きんき》を前提に家族理論は構想されてきた。法的には、前述した「近親婚の制限」の存在である。しかし娘や息子が、お互いに異なる遺伝子からなるとすれば、生物学的な家族内での人間特有の規制ともいうべき近親相姦忌避のタブーは、成り立たなくなる。これまでの家族理論に対し、根底から反省が迫られる。

想像したくもないが未来の家族では、「親子」の結婚が生じうる。DIの子どもは、父親の遺伝子を含まない。年齢差の多い結婚などいくらでもある。すなわち民法上は、「親と子」の結婚として禁止されても、生物学的にはまったく問題のない、親子の結婚が可能なのだ。すでに、このような可能性を孕む家族関係に耐えられない妻も出現している(上杉編、96)。

世のなか、善良なる夫妻ばかりとは限らない。いつの時代にも、養女と性交に及ぶ父親がいる。つい先頃も一四歳の養女と性交した父親が、最高裁で懲役刑に裁かれた(『東京新聞』、二〇二二年一月二九日)。この場合は、法律上の親子に加えて未成年の子女との性交が問われたが、成年どうしのかつ親子で相思相愛となるとどうか。これまでの法律では、想像を超える問題が、生殖補助医療による未来の家族には内包されている。

さらに付言するなら、人間の内臓に異種間移植が広く行われると、社会も人間の集団だけではなく、動物の一部の臓器の混じった集団になる。人間と動物の境界も揺らぐ。家族が血縁を単位にしないで成立するということは、家族と社会の境界の揺らぎを意味する。そのような家族は、血縁に代わり何を基礎として結びつくのだろうか。それこそ家族を成り立たせるのは、成長過程の思い出の、想像の産物、想像の共同体なのか。

「想像の共同体」としての家族

前述の清水の書では、家族関係の中核として夫婦関係に次いで親子関係が論じられる。親子関係も母子関係と父子関係が別々に考察され、双方の差に関し次のようにいう。「母と子の肉体的な繋がりが何びとにも疑いえないのに反し、父と子のそれが、妻に対する愛と信頼とを前提とした推理の所産に過ぎない」(清水、242)と。そこから前者にあっては、「母性愛が母子結合の生物学的必然性」にあり、父性愛とも異なることが説かれる。

しかし今後の家族関係は、生物学的な血縁関係では説明しきれない家族が増えるであろう。もともと家族は、社会関係の基礎として血縁関係が社会関係の要となるように利用されてきたふしがある。国家としてのまとまりを、家族の拡大されたものとしての血縁集団に求めるように、である。

未来の家族は、血統による結合集団という家族の始原的な姿を大きく変える。すでにアメリカでは、家族はつくるものとの観念が強いという。欧米では、子どもを養子として迎える文化がある。多民族国家であり、キリスト教の影響の強いアメリカでは、家族は血の共同体というより、契約に基づく集団との認識が濃厚である。家族は、先天的なものではなく、後天的なものなのだ。

あるいは今後の家族は、必然的なものではなく偶然的なものになるといってもよい。これまで親子の関係は、血を分けたものとして半ば必然であった。しかし、体外受精の可能性により、子どもは選べるものとなった。どこまで選ぶかも親しだいである。夫の遺伝子のみ残すか、妻のか、双方とも残さないか、選択可能である。その意味で、両親がいても親子の関係は、親によらない偶然的なものになった。

国家も、アジア諸社会は血縁による観念が濃厚である。同一民族が同一国家をつくるとの認識である。しかし、すでにユダヤ民族は、紀元前にユダヤ教という同一理念・宗教による共同体（国家）をつくりだそうとした。国家とは血によるものではなく、共通の理念によるまとまり、契約とみたのである。

今後、生殖医療がますます進行すれば、体外受精、人工授精のなかでも、非配偶者間の受精を選択する人も増えるであろう。現在のように、生まれる子どもの人権に配慮しないいまの形が、このまま許されるとは思えない。結婚を選択しない人々、ＬＧＢＴの人々、離婚、再婚も多くなるに違いない。こうした未来の結婚にも、子どもの人権にも折り合える生殖医療は、血に基づく家族理念を変えずにはおかない。

家族関係の危機に体外受精を例としたが、家族のゆらぎは通常の結婚でも起きている。現代社会の危機を、正体不明の「リスク」として捉えようとしたベックは、すでに二〇世紀後半のドイツ社会で三組に一組の離婚のなかに、現代家族のリスクをかぎ取っていた（ベック、198）。注目すべきはこの家族の流動性が、あくまでも婚姻届けを出した家族の統計であり、事実婚なり同棲を含めれば、流動化はさらに増す。子の親の確認のため、離婚後の再婚期間を定めても、事実婚や同棲の規制までは困難である。子の親探しのリスクは、通常の出産でもすでに起きている。

家族で起きたことは、国家にも起きる。国家の成員としての国民には、二つある。一つは、民族的・血統上の国民である。もう一つは、出身が海外に繋がる日本で生活している親と子どもである。かれらは、生物学上、血統上は日本民族と区別されるが、日本で生活し、活動基盤を日本とする限り、日本の親や子どもと変わらない。すなわち前者は、生物学的な血による運命的なものに対し、後者は、契約により選択可能なものである。

同じことが家族にもいえる。体外受精でたとえ両親なり一方の親と繋がりがなくとも、同一家庭に過ごし、両親と共通の「空気・文化」——要するに同じエスプリのもとで生活していれば、遺伝上の生物学的繋がりはなくとも、社会学的には夫婦の子どもといえる。子どもが夫婦の子どもと思えるか否かは、愛情であろう。外国人の子どもが、生活している国の国民と思えるか否かが、居住国に愛着がもてるか否かによるのと同じである。

将来の家族は、グローバル化時代の国民同様に、血統による先天的なものより、「想像の共同体」のように共通の理念や経験が重きをなす集団としてのまとまりが重要になるだろう。共通の体験とは、同じ国民が非常時の戦争や歴史的出来事を共有するように、同一家族の成員としての意識には、親子、兄弟姉妹で物語を共有化すること、引越しや災難、受験、病気のとき寝ないで看病してくれた等、喜怒哀楽の記憶を家族で共有することである。

つまり将来、共通の家族の成員としての自覚は、血統のような客観的なものより、家族間で共通の体験が絆を強化するように、主観的なものとなるだろう。そのとき、血や遺伝子にこだわらずに、子どもが欲しくとももてない人が、生殖補助医療の最先端の技術を利用し、子どもをもち、子どもにも自由に告白でき、出生がもとで傷ついたり、差別されない、新しい親子関係に基づく家族が形成される。

日本も批准している「子どもの権利条約」第七条1は、子どもが、氏名や国籍を有する権利とともに、父母を知り養育される権利を謳っている。もとは、戦争や内乱により親と離ればなれになっても、子どもがもつ固有の権利を確認したものであろうが、一度認められれば、親を知る権利は固有の普遍性をもつ。

二〇〇三年、厚生労働省の生殖補助医療部会は、ＤＩで生まれた子が一五歳以上になれば、アイデンティティ確立のためにも「自分の出自を知る権利」が重要なことを認めた(厚生労働省, 2003)。しかしこれは、報告書で認めただけであり、子の知る権利が法令化されたわけでもなければ、医師側にドナー開示の義務が課されたわけでもない。親を知ることが権利として認められているイギリスやスウェーデンに比べるとまだまだだが、日本もいつまでも、提供者の名を伏せるいまの状況が続くとも思えない。

哲学者ヘーゲルは、近代家族の本質に関し、「愛」を重視した。そして愛とは、別言すれば「一体性」、一体感を共有することだという(ヘーゲル、1967, 386)。血縁ではなく愛を重視したヘーゲルの家族論は、こんにちの家族の本質をついている。家族としての一体性は、家族間で小さな物語を紡ぐみ、それを成員間で共有できるか、ということであろう。

これまでみてきた家族の未来に関する展望は、カップルを前提にしている。しかし今後、問題になるのは、シングルでも生殖補助医療の助けを借りて子をもとうとするケースである。このときこれまでの家族がどうなるか、想像すら難しい。厚生労働省の生殖補助医療部会が、対象者を法律上の夫婦に限定したのも、それ以外に拡大するなら現在の家族秩序は、崩壊するからであろう。

前述のベックは、従来のシングル家庭は、多くが離婚や死別によって生じたものだが、独身女性にも体外受精により子をもつ自由が認められたら、それは子の「父親の存在を望まない……前代未聞の新しいタイプの母親をつくり出す」と警告している。そのうえで、独身女性にもこうした方法で子をもつ道が開かれたら、その結果は「予想すらつかない」(ベック、413)と述べている。

しかし人類は、血の共同性に基づく神話を、国家同様に家族でも乗り越えられるか、試されるときが必ず来る。すでに、人工授精、体外受精による遺伝子選択が可能ということは、これまでの宿命的な血縁家族を解体させずにはおかない。そうでない限り、止めることのできない科学の進歩と既存の諸制度の両立は、不可能である。

労働と労働力は違う……

マルクスは、労働（人間）と労働力を区別した。労働力は、人間そのものに付随している力である。工場で商品化されるのは、労働力であり人間そのものではない。しかし、労働力は、人間そのものに内在している。人間に内在している労働力が商品化されるということは、人間に商品化を限りなく迫る。にもかかわらず、近代社会で人間の商品化をかろうじて防止するのは、人としての権利、人権に配慮する法であろうか。

精子も卵子も特定の人間から切り離すことができる。しかし子宮は、特定の人間から切り離すことはできない。子宮は、当の人間そのものであり、精子と卵子を結び付けたり、精子と卵子の結合した受精卵を育てたりもできる。この点で子宮は、労働にも似ている。商品化されるのは、精子や卵子、労働力であり、子宮や労働ではない。

代理出産は、子宮の貸与、商品化ではないかとの見方もできる。それゆえ代理出産は、精子や卵子の譲渡とは、異なる議論が必要になる。人間にとり人格と極めて近い労働（労働力でなく）の商品化が、人間の奴隷化を意味するように、子宮の商品化は、本人と切り離しえないために、相手への隷属化を意味するからだ。代理出産に慎重な人が多いのは、期限付きとはいえ、人間の奴隷化を生むからである（「日弁連補充提言」。「生殖医療検討委員会」、22）。

繰り返すが商品化されるのは、あくまでも人の体から分離された精子であり、卵子である。精子や卵子の所有者本人が商品化されるのではない。まして、これから生まれる子どもでもない。生殖補助医療の世界では、特定の人間からの精子なり、卵子の分離を自己統一性（セルフ・コーヒアレンス）の破壊とみているが（アンドルーズ、ネルキン、18）、本書では、これをヒトの「非人格化」、物象化として捉えてきた。

労働力の商品化は、商品そのものを作り出すが、精子と卵子の再統合が作り出すのは、商品ではなく人間である。しかし当の人間が、人としての意識の次元で、モノとしての意識をぬぐい去りえないとすれば、本人の意識に寄り添い、本人の人としての権利、人権に配慮する以外にない。その本人が、少なくとも人としてのルーツを知りたいという以上、それに応えることである。

前述の通り二〇二〇年一二月、提供卵子や精子による生殖補助医療で生まれた子に関する最新の特別法が成立した。しかし、生まれた子の父と母に関しては、明文化がなされたものの、子の側の権利としての「出自を知る権利」には、一切配慮がなされていない。生殖補助医療は、両親のみの問題ではなく、生まれてくる子がその生を肯定できるか否かによる。いまなお、道はるかというべきか。

とすれば、ありのままの生の在り方が肯定される方が、より人間的な社会ではないか。血のため、相続のためと子の誕生を願うこと自体、親のためであり、子は別存在である。子どもをこのようにみる限り、不安だらけであろう。若者たちの妊娠しないことへの不安、恐怖を取り除くのは、日本社会特有の血に対する執着心もある。

戦前、日本人は天皇を頂点に国民はその赤子として、血によってみんなが結びつくとの考えが濃厚であった。こうした民族には、血統フェティシズムともいうべき血に対する特別の想いがみられる。血への信仰心は、非常時には国家戦略の手段にされ、平和時には、家系や家の継承に利用され易い。「人類、みんな兄弟」とまではいかなくとも、われわれはみんなどこかで結びついている。むしろ、血のようなフェティッシュな繋がりではなく、社会的に多様な価値で結びつく方が、重要ではないか。

不妊治療に保険適用が可能になり、当事者たちがもろ手を挙げて歓迎しているかの報道が多いなかで、いっそう追い込まれている人もいる。祖父母たちから、保険適用されるのだからやってみるべきだと期待され、かつ夫婦間でも、特段痛みの伴わない夫は、妻の治療に前向きになる。反対に妻は、採卵の痛みや麻酔にうんざりしている(『日経新聞』二〇二二年二月二六日)。

子どもがいてもいなくても、ありのままの生が肯定され、多様な人々のありのままの生きざまが認められる社会こそ、これからも目指されるものであろう。

隔世の感のシンポジウム

こんにちのこうした事態を予期してであろうか、いまから六〇年以上も前に、名だたる医者や法学者を交えて人工授精、とくにＤＩをめぐるシンポジウムがもたれた。一九五六年五月である。本大会の様子は、その四年後、人工授精と家族の関係や親子関係等、さまざまな雑誌に公表された論文並びに諸外国の動向や教会の反応と一緒に、慶應義塾大学法学研究会叢書四『人工授精の諸問題』として公開され、昔日の熱気・余韻を後世に伝えている。

法学の分野で慶應大学法学部が、いち早く反応した背景には、当時、人工授精を執行していた慶應大学医学部の安藤畫一が、同じ大学の法学部田中實に、法律上の相談をしたことである。

シンポジウムは、ＤＩをめぐる当代一流の研究者の当惑を示して余りある。東北大学の中川善之助は、その当惑ぶりを詳細に語る。中川は、最初に現時点では、止めるべきだと断じる。人工授精児を当人どうしの子ども、とくに夫の子どもに認めることは、養子法からしても無理がある。親にも人工授精で子どもをつくる権利はない。人口過剰な日本であえてＤＩまでして産む必要性もない。人工授精は、動物で試されており、これを人間でも行いたい医者の心理もわからないわけではないが、動物と人間は違う。流行の兆しもみられるが、流行でやるべきものでもない。まして、子どもがいないからといって婚姻関係の危機回避策に使うのは、もってのほかである(小池他編、197-198)。

ここで中川が述べた危惧は、こんにちでも全面解決とはいえない。六〇年前のシンポジウムでＤＩをめぐる問題は、ほとんど出し尽くされている。ＤＩとＡＩＨとを区別し、後者にほとんど問題はないとみているのも現代と同じである。ただこうした中川たちの困惑にもかかわらず、一九四九年九月から一九五五年九月までの六年間に、慶應義塾大学病院だけで、ＡＩＨ一九〇例、ＤＩ四七四例の合計六六四例が行われている(同、213)。

考えさせられるのは、このシンポジウムではもっぱら人工授精のみが語られ、かつ、もっぱら他人の精子を配偶者に注入する人工授精をめぐって行われ、前述の通り実態が、姦通と同じことに焦点が置かれている。生命科学の進歩は、間もなく受精が女性の子宮外でも可能になり、いっそう複雑な広がりをみせることになる。

原子論的真理観と全体論的真理観

生殖において革命とまでいわれるこれまでの成果は、いかにして達成可能だったのか。哲学の領域で、原子論的真理観と全体論的真理観があるとすると、方法論的には、原子論的真理観が優勢であり、昨今の大きな革新は、この原理の勝利ともいえる。

生殖医療の世界で進行していることを一般の方法論の次元から問えば、個々の細胞は分子からなり、その分子はさらに小さな原子からなることを踏まえ、生殖の三要素ともいえる精子なり、卵子、あるいは子宮（卵管）を当の人間から切り離し、個別に組織の機能を分析し、ときには独立の因子として取り出し、冷凍保存し、化学的・生理的反応を追究した成果である。

すなわち構成因子を部分的に切り取り、分子がより小さな原子、ミクロなものからなり、それぞれ固有の働きなり法則性をもつことに注目しつつ、試験管や顕微鏡等を通して個々の成分を分離、融合した成果である。しかし、全体のなかで切り取られた原子は、現実の原子、部分とは異なる。

それゆえ、現実の部分と部分の融合でもないので、実験室のなかでの部分間の総和が、現実にどのようなものになるかは、未知数である。全体から切り取られた部分は、いかに人間の体の構成要素としての精子であれ、卵子であれ、これは人間ではなく、特殊な生きモノである。特殊な生きモノではあるが、部分と部分が結びつくときは、人間の萌芽にもなるので、現代の生殖補助医療で行われている推移のなかに、人は恐ろしさを感じている。

部分ぶぶんにおいて制御可能でも、全体において制御どころか自律化し、人として独自の判断力をもち自分の成長を否定するかの子の反逆は、部分的真理観に重い問いを残している。

一方、全体論的真理観からみると、どう評価されるだろうか。ヘーゲルは、あらゆる「真理は全体である」(ヘーゲル、1966, 24)と述べた。ここにいう全体とは、真理とは、あれやこれやの断片ではなく、部分は相互に結びつき、ある体系をなしているということであろう。およそ「真理は体系としてのみ現実的である」(同、26)ともヘーゲルはいう。これらは何が真理かは、現象の一部のみを切り取っていえるものではなく、現象を構成している全体のなかで初めて確定されるものだということである。

この全体論的真理観は、生殖補助医療を考えるときも大きなヒントを与えてくれる。人間とは、成長に応じて固有の問いを発する生きモノである。エリクソンの「人間の八つの発達段階」は、老人のような生命の黄昏期においても固有の問いを発するのが、人の本質であることを教えている。その問いが許されないような生の在り方は、人間として不幸である。まして、人としての自立を迎える青年期に、自分が何者なのかすら発することのできない生の在り方は、生殖補助医療に慎重な対応を求めている。

真理観をめぐる原子論と全体論の対抗は、やや抽象的なのでもう少し具体的な例を出す。原子論と全体論の対立は、人間の死をめぐる判定にもいえる。西欧社会では、脳死が広く人間の死として認められている。人のさまざまな臓器のなかで、細胞としての脳が機能しなくなったら、人とはいえない、脳は人そのものと同じとの見方である。

しかし日本では、人の死に対しては、より全体的な立場が主張される。よく聞くのは、心臓が鼓動しており、体も暖かいのに脳が機能しないことをもって人の死と認めることはできないというものである。脳は機能していないのに、呼びかけに応じる例は、しばしば聞く話である。死とは、脳という個別の組織で判断すべきではなく、もう少し身体全体で判断すべきものとなる。

人の死をめぐっても、原子論と全体論は鋭く対立している。原子論か全体論か。生殖医療の革新は、方法論としては、原子論の勝利にみえる。しかし生殖補助医療の成否は、個別の領域での成功が全体の成功をそのまま意味するわけではないことの好例である。成否を一代だけではなく、次世代の自己決定にもかかわる問題としてみると、ことはそう簡単ではない。人の誕生にかかわる技術が、人としての固有の問いかけを許さない形での誕生となると、技術の暴走といえなくもない。

こう考えるのは、DIで生まれた当事者が、結婚後その事実を知り、結婚前からこの事実を知っていたらたとえ結婚しても、子どもを産んだかどうかはわからない、多分産まなかったろうと複数の人が答えている事実である。当事者はその責任を、次世代まで含むスパンのなかで考えている。当人だけの、一代だけの問題ではないのだ。

人間の生命に関する全体とは、親のみならず子としての命の在り方も含まれる。親の体内から取り出され、自然分娩では決してあり得ない他の受精卵により誕生した子の悲痛な叫びは、誕生しただけでは済まされない新たな問題の萌芽となることも知る。部分ぶぶんにおいては、近代科学なり、生命科学の偉大な成果に思われるが、こと成長した人としての全体からみると、問題の根深さを思わせる。

子の悲痛な叫びは、個々の部分での成功が、決してすべてではないこと、生命科学は生命全体のなかでみていかなければならないこと、今後、生殖医療、生命科学の分野は、異種移植をもにらみながらなおも継続されようとしているが、人間に制御できないキメラ生物の誕生に対する警告にも思えてくる。これはあたかも、制御できない未来に対する警鐘でもあるようだ。

未来が、偶然の運命にまかされてはなるまい。

折り合いは可能か？

以上のことから、二点、今後の近未来を見通してみる。人工授精は、不妊の夫婦にとり朗報であるが、子の知る権利との関係が重要な課題となる。人工授精を実践してきた慶應大学は、このところ精子提供者が少なくなり、現体制の存続が危ぶまれている。提供者減少の理由は、人工授精や体外受精を実施している欧米で近年、子どもの知る権利を尊重し、子の訴えが認められ裁判所から開示が求められたとき、親が知られることを恐れてである。

長年進展のなかった精子や卵子の提供による親子関係に関し、既述の通り二〇二〇年一二月、卵子提供により出産女性を母親に、非配偶者の精子提供により生まれても夫が同意していれば、夫を父とする民法の特例法が成立した。これまでも出産した女性を母とする規定はあったが、こうした卵子提供は想定されておらず、かつ、精子提供においても、こうした事態は想定されていなかったので、法の成立は重要である。夫が自分の子ではないとして、養育を拒否することができなくなった意義は大きい。

しかしこの法律でも、子どもの出生を知る権利は、盛り込まれなかった。子どもの知る権利に関しては、今後二年を目標に検討するという。子の知る権利を、親の問題に関する民法特例法の改正と結び付けて提出するほど問題は、簡単でなかったのである。生殖補助医療の進捗と子どもの知る権利の尊重は、神々の対立と呼ぶにふさわしい問題である。

現在の日本の法律では、こうしたケースの際、提供精子による妻の妊娠を夫が認めていれば、夫を父と認めているだけである。無精子等の親の救済か、子の知る権利の尊重か、決着のつかないまま技術の進化が、無精子症に悩む夫婦に望むなら子を与えるのが可能な段階にきている。

もう一つ。各領域に固有の法則性が存在し、科学の使命がそれぞれの固有の法則性追求にあるとすれば、今後もますます合理化は進行する。と同時に、科学、技術の専門分化もいっそう深化する。未来の各領域は、専門家、テクノクラートの支配する時代になる（ウェーバー）。医者も高度な専門的知識の所有者として、医療の政策・立案・行政にもかかわるなら、テクノクラートそのものにほかならない。

生殖医療等の世界で起きていることが、まさにこのことを示している。精子や卵子の冷凍保存や顕微授精、シャーレのなかでの受精など、これらはすべて、現代科学の粋を集めた専門家の偉業である。素人の人間には、思いもつかない技術である。科学者は、ますますそれぞれ固有の領域に働く法則を精密に追究しようとするので、こうした技術の独り歩きには、警戒しなければなるまい。

例えば、生殖補助医療に似た高度な判断を要するものに「無侵襲的出生前遺伝学的検査（Non-Invasive Prenatal genetic Testing、ＮＩＰＴと略、通常日本では新型出生前診断）」と呼ばれる出生前診断がある。これは、妊婦の血液を診断するだけであるていど胎児の状況が診断可能なため、こんにちしばしば行われている。医療技術の進化は、本人にも家族にも、胎児の重い病の発見に有用な情報を与えるかもしれないが、そうした事前の判断が、どこまで許されるのかは一概にいえない。

よしんば誕生前に重いしょうがいが防がれたとしても、人間は、その後の成長過程で機能不全に陥る可能性は大いにあるし、そもそもこんにちのような長寿高齢化社会では、加齢に伴いすべての人が、なんらかの機能不全に向かっているともいえる。

しばしばいわれる、しょうがいのあることが問題ではなく、しょうがいのある人の仕事や生活のしにくい社会の方が問題とされるように、人は、ありのままの生が肯定され、その生が他と等しく満ち足りたものになることを願っている。ところが、こうした改革のきっかけともなるべき生が、その前に絶たれる可能性もある。

しかもこうした技術が独り歩きすると、将来、さまざまな病の事前発見に使用されないとも限らない。癌の遺伝子なり認知症の家系なりと安易な応用は、容易に予測できる。その背景に横たわる、階層格差も気になる。現在こうした出生前診断には、二〇万円前後かかる。自由診療のため保険も適用されない。こうした検査をくぐり抜け、より完全な子どもをもつ夫婦と、そうでない夫婦の差ばかりか、完璧な人間ばかりが生きている社会は、しばしば指摘される通り、より息苦しい社会をもたらすのではないか。

こうした選択の岐路に立たされたとき、専門家と対等に話ができる状況が医療現場に作り出されているか、専門家の判断がともすると優先しがちにならないか、検討すべき問題はあまりに多い。

まだある。人工授精は、日本でかなり前から認められている。精子のない男性にとり、救いの道が開かれている。人工授精は、他人の精子を医療器具を用いて妻の子宮に注入することにより、受精・出産させる方法である。しかし、卵子のない夫婦には、他人の卵子と夫の精子を体外で受精させ、受精卵を妻の子宮に戻す方法は、明示的には認められていなかった（家田、87）。

しかし二〇二〇年一二月の法律には、精子のみならず第三者から卵子の提供を受けた際も、産みの親を母親と規定しているので、事実上、卵子の提供にも道を開いたととれる。これまで、無精子症の男子には子をもつ方法が認められながら、排卵にしょうがいをもつ女性には、子をもつ方法が認められなかった。凍結技術の進歩が、精子のみならず卵子の凍結技術をも可能にしたことは、これまでの隠れたジェンダー問題からすれば、数歩前進といえるが、それだけに子どもの知る権利はいっそう高まったともいえる。

本書では、同じ家族に囲まれながらも親の知れない子を、家族関係・親子関係の非人格化、物象化という社会科学的な概念で捉えてきたが、最先端の医療技術のもとで、物象的な生から本人たちが人格を取り戻すには、いかなる制度が必要か、ますます重要になっている。

四章　人の香りがしない学校

1節　教育の世界も容赦ない物象化――通信制高校の台頭

全日制から定時制へ、そして通信制へ

戦後日本の教育制度に大きな影響を与えたのは、アメリカ教育使節団である。当団体は、訪日後、報告書を作成し小学校、中学校は義務とし、高等学校も中学校とは区別しながらも選抜しない、授業料無償による希望者全入の方式を推薦した。

同報告書は、いまでいう中学校を「下級中等学校」と呼び、高等学校を「上級中等学校」と呼んで、次のようにいう。「この『下級中等学校』の上に、授業料は徴収せず、希望者全員が入学できる三年制の『上級中等学校』を設けることを勧める」（村井、64）。

しかし日本は、中学校までを義務化し、中学校と高等学校を分断したうえで高等学校には有償による選抜方式を採用した。

現在、高等学校の設置を法令上示すのは、学校教育法五〇条である(二〇二〇年時点)。そこには高等学校は、義務教育としての「中学校における教育の基礎の上に」、より「高度な普通教育並びに専門教育を施すことを目的とする」としている。義務化からははずされたものの、現在、日本では高等学校への進学率は、ほぼ一〇〇%、全入に近い。

高等学校は、課程別にみると全日制、定時制、通信制がある。いつの時期も圧倒的に全日制が多いが、戦後、間もない一時期、定時制入学者の増えたときもあった。高等学校は、義務ではないので経済的にゆとりのない者は、昼働き、夜通いながら学ぶ方法を選択したのである。しかし、戦後の経済復興が進むと、定時制を選択する者が少しずつ減少していく。ところが近年、絶対的な貧困が少なくなるにつれて、代わりに増大しつつあるのが相対的貧困ともいえる、いじめや人間関係を避けようとする若者世代の登場である。

図1をみてもわかるように、全日制生徒が圧倒的に多いが、少子化に伴い全般には下降気味である。その全日制を補うかの動きをしてきたのは、定時制高校である。定時制高校は、全日制高校のドロップアウト気味の生徒を長らく受け止めてきた。しかしその定時制高校も、この

ところ急激に減少し、代わりに増えているのが、通信制高校である。とくに一九九五年以降は、通信制の方が全日制に次いで多くなっている(図1)。五年刻みの左記の表からは推測しがたいが、通信制在学者が定時制在学者を抜いたのは、一九八七年(昭和六二年)である(手島編、19)。

先ほど、高等学校への進学率はほぼ一〇〇%と述べた。これは通信制を加えた数値である。二〇一九年で、通信制を加えた高校進学率は、男子九八・七%、女子九九・〇%、全体九八・八%である。通信制を除くと、それぞれ九五・六%、九六・〇%、全体九五・八%となり、高校全入に果たす通信制の重要性がわかる(文部科学省、『学校

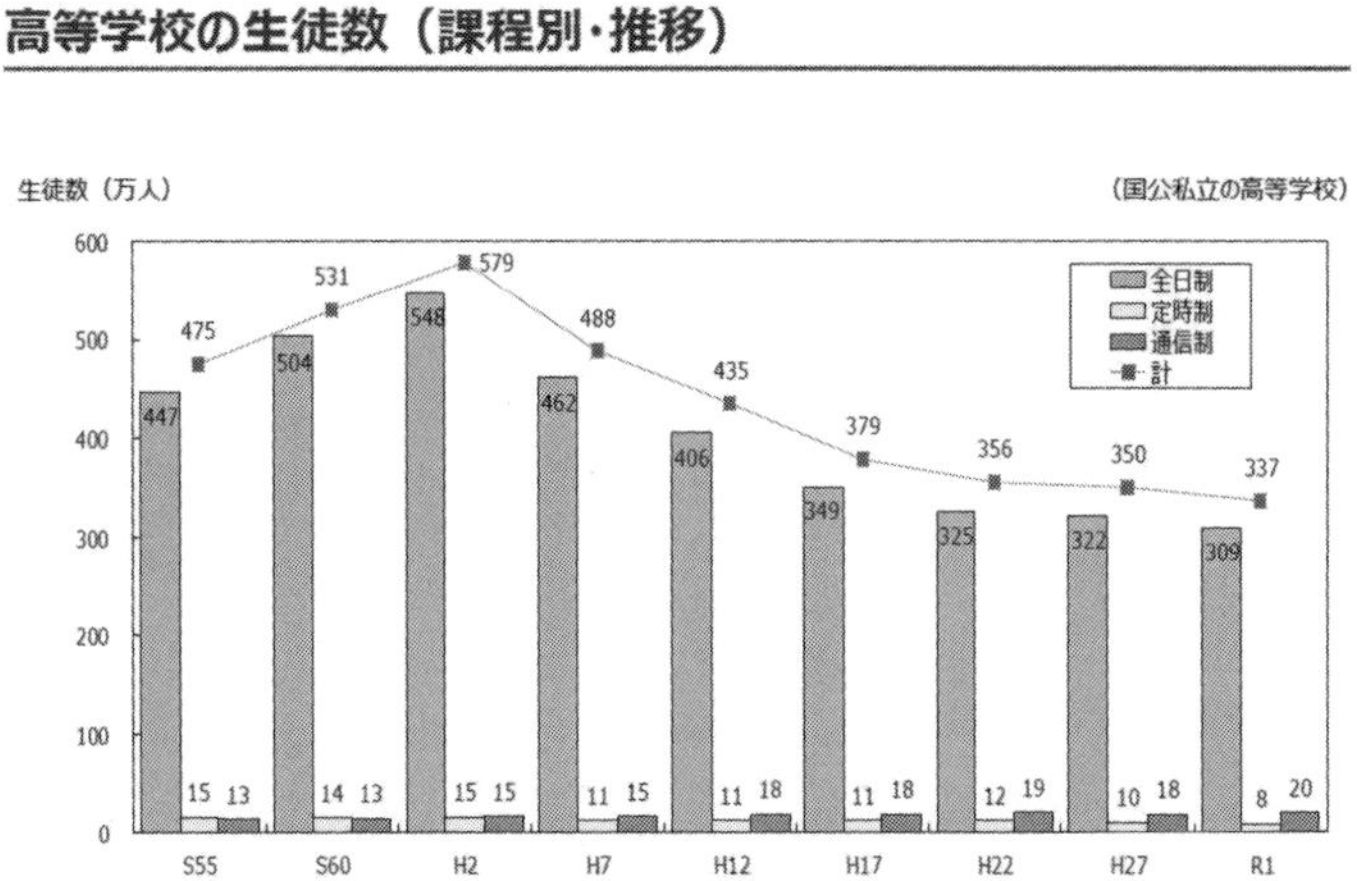

図1　高等学校の課程別生徒数の推移

(出典) 文部科学省「学校基本統計」

基本調査報告書』、2019, 984)。

もともと高等学校で、人間関係の不得手な者や不登校気味の生徒の救済になっていたのは、定時制高校であった。その定時制をも避け、教員やクラス仲間との接触も最小限の通信制に集まる昨今の傾向は、いっさいの人間関係を求めない若者世代の登場なのであろうか。もちろん定時制が、経済的な理由で全日制に通えない生徒の救済になっていたのは事実であり、通信制にも同じことがいえる。これは、いまも変わらない。にもかかわらず、絶対的な貧困だけではなく、相対的な貧困（いじめや対人関係等の悩み）を理由に定時制、なかんずく通信制を選択する者が増えているのも事実である。

この問題に迫る前に、まずは通信制教育とは、そもそもどのようなものか、みておこう。

通信制教育とは

あらためていうまでもなく通信制教育とは、電波や放送技術を用いて教育することをさす。本来教育とは、対面によるコミュニケーションによるが、近年の衛星、通信技術の発展は、電波や放送により、知識、情報の伝達を可能にし、教育及び学校運営の有力な手段になりつつある。

もともと学校とは、教員と生徒を媒介する場で、教わる者が一定数まとまる必要がある。しかし国や地域によっては、教わる者がいつも一定数を満たせるわけではない。オーストラリアのような広大な空間では、住む場所により、教わる者が一人、二人の所は出てくる。そのような遠隔地でも、通信技術の進歩は、情報や教育の伝達を可能にした。日本のような狭い国土でも、地域により教わる者がごく少数という所はある。こうした地域でも、電波なり放送が届く所であれば教育が可能になり、通信教育は、教育から空間なり距離の制約を取り払った。

日本で高等学校の通信制が可能になったのは、一九六一年一〇月三一日法律第一六六号の「学校教育の一部を改正する法律」による。この法律により、全日制や定時制の課程と並んで通信制教育課程の独立と広域における通信制課程の設置が認められた。ただしこの時点では、修業年限は四年とされた。

定時制の修業年限も当初は、三年以上(三年でも可)とされたが、一九五〇年の学校教育法の一部改正により四年以上となる。通信制は、この定時制をさらに放送の活用により義務教育以上の修業形態の多様化に活かそうとしたものである。

その後、教育課程の弾力化や履修方法の柔軟化により、定時制、通信制ともに「併修や技能連携制度により三年での単位修得が可能になったとして」(学校教育法、解説)、四年以上の修業年限が再度三年以上に改正され、定時制も午前、午後、夜間の三部制になり、無理なく受講・

単位取得ができれば、三年でも卒業が可能になった。

現在、学校教育法で通信制を規定しているのは、五四条である。そこでは、高等学校には通信制を併置することができ、通信制のみを設置することも可能とされている。二〇〇三年四月には、高等学校学習指導要領の改正により、インターネットなどのメディア授業により、通信制課程において面接指導などの時間が免除されている。

通信制高校の種類と授業形態

通信制高校は、広域と狭域の通信制課程に分かれる。広域の通信制課程とは、「当該高等学校の所在する都道府県の区域内に住所を有する者のほか、全国的に他の都道府県の区域内に住所を有する者を併せて生徒とするものその他政令で定めるもの」(学校教育法第五四条③)のことである。それ以外の通信制課程は、狭域の通信制課程といえる。

通信制にも公立と私立があり、二〇一八年時点で、公立七八校(独立校七校、併置校七一校)、私立一七五校(独立校一〇六校、併置校六九校)ある。私立は、学校法人立と株式会社立の二つに分かれる。株式会社立とは、二〇〇三年の構造特区により可能になったもので、学校設置会社と呼ばれる。二〇一七年度で二二校ある。このうち一七校が通信制高校である。他に小学校一校、専門職大学院四校ある。学校法人の通信制高校が圧倒的に多い(山口、238)。

通信制を支援するため、サテライト施設やサポート校もできている。前者は主に、広域通信制にみられるもので、サテライト校同様、通信制の授業を円滑にするため、理解困難なところを補修し、支援するものである。サテライト校もサポート校も学校教育法上、学校には認可されていないので、単位を授与することはできない。あくまでも、通信制に通学する生徒の学習支援機関であり、予備校や塾に近い。二〇一六年度現在、全国に一二〇〇カ所のサポート校がある。その他技能連携校との繋がりも重要である(同、244)。

通信制高校の授業は、三本柱からなる。一つは、課題レポートの提出、二つは面接指導、三つは、試験による評価である(手島編、75。「ガイドライン」、10)。レポートは、添削指導ともいわれ、論述内容のチェックであり、通信制高校の中枢に位置する。二つは、自分の学校で仲間と共同の授業に出席し教員から直接指導を受けることである。頻度は、学校にもよるが一週間に一日程度のものが多い。三つは、通信制も学校教育法施行規則に従っており、五〇分授業で年間三五週を一単位とし、学期ごとに試験により単位認定が行われる。

現在大検はなくなり、二〇〇五年から高認(高等学校卒業程度認定試験)と呼ばれるものに代わった。合格すれば、大学や専門学校、国家公務員採用試験等の受験資格が得られる。試験を受ける年度末までに一六歳以上であれば、誰でも受験できる(山口、250)。試験は、八月と一一月の年二回実施され、苦手な科目や一度落ちた科目を通信制高校で科目履修生として受講することも可能である。

こうした通信制高校の発展の背景には、当然のことながらこのところの目覚ましい情報機器の進展がある。前述したが遠隔教育とは、もとはオーストラリアのような広大な空間で、日常的な教育から遠ざけられている人への支援を指していた。しかし通信技術の発展は、日頃、空間的に不利な地域と時間に追われる人々への、知識の教授を可能にしている。

この点で紛らわしいのは、通常の小学校から大学までコロナ禍で一気に進められた通信機器に基づく教育である。オンライン教育は、コロナ禍のなか、小学校等の義務教育にも採用され、文部科学省のＧＩＧＡ(Global and Innovation Gateway for All)スクール構想や経済産業省の「未来の教室」の前倒し実施になった。コロナ禍は、通信技術のもつ可能性をあらゆる教育機関で試したが、本章では当面、検討の範囲を情報通信技術(いわゆるＩＣＴ関連、Information and Communication Technology)ではなくシステムとしての通信制教育に限定する。

通信制が定時制を抜く

すでに述べたように、近年、通信制の生徒数が著しく伸びている。これをどのようにみるべきか。教育とは、いうまでもなく人と人との接触、コミュニケイトの産物である。それも二重の意味においてである。縦と横との人間どうしの交流を前提にする。縦とは、教える者と教わる者との、教員と生徒との、横とは教わる者どうしの、生徒どうしのコミュニケイトからなる。その意味で教育とは、教員と生徒どうしの人格の触れ合いからなり、学校とは教員と生徒の人格的関係、相互交流の場、コミュニティである。

しかし近年、教員にも接触せず、友人とも交わる機会の少ない通信制教育が、盛況なのはなぜか。人によっては、子どもの貧困を理由にする者もいる。通信制は、大学を持ち出すまでもなく、全日制はもとより定時制に比べてもはるかに安い。景気が落ち込むなかで子どもを取り巻く環境は、たしかによくない。

通信制の生徒には、働いたり、アルバイトをしている者もおり、通信制という学習形態の選択には、貧困問題が存在するとの考えも成り立つ。やや古いが二〇一一年を例にとれば、通信制の全生徒中、五・三%の人は、正社員である。定時制の一・五五%と比較しても、たしかに多い。しかし無職の生徒も、六四・六%に及び、全体の三分の二近くは仕事をしていない。定時制の五八・〇％より、通信制の無職の率の方が高い。高校中退の理由に経済的なものをあげる者は、全日制で一・三％、通信制で九・〇％という近年の調査結果はあるが（「審議会のまとめ」、６）、通信制を選ぶのは、経済的な理由ばかりではない。

子どもの貧困に関しては、教育を受ける段階からの格差は、大人になってからの格差にも繋がるとして、その是正が叫ばれ、高校教育の無償化も行われるようになった。そのため全日制高等学校は、経済不況の時代になっても、通学者数に大きな変化はない。大きく通学者数が減少しているのは、定時制高校の方なのである。

従来、全日制高等学校に通えない者の選択校に、定時制と通信制があげられた。定時制や通信制を選ぶ生徒には、経済的理由ばかりか、決められた時間に決められた行動をとることや他者との交流を苦手にするなど、共通するものがある。いわば双方、相似た生徒が多かった。たしかに定時制には、全日制には通えなくなった生徒も多かったが、その定時制生徒も近年は激減し、通信制に生徒が奪われている。

ヤングケアラーと通信制

通信制生徒激増の背景に、高齢化がどうかかわるかは、今後の課題である。すなわちヤングケアラーの問題である。

ヤングケアラーとは、兄弟姉妹や父母・祖父母の世話をする一八歳未満の子どもの存在である。近年初めて行われたこの種の調査結果は、たしかに無視できない子どもの実態を明らかにした。二〇二〇年から二一年にかけて、厚生労働省と文部科学省合同の全国の公立中学校七五四校と全日制高校二四九校の二年生の実態調査によると、中学生、高校生の一〜二割の生徒が、高齢者や介護を必要とする祖父母の世話をしていた。

なかでも無視できないのが、ほぼ同じ時期に行われた公立の定時制高校と通信制高校の方であり、前者の八・五％、後者の一一・〇％が「世話する家族がいる」と答え、なかには精神的にきついと答えた者が、定時制で二九・〇％、通信制では四〇・八％にも及んでいる。社会が高齢化、複雑化するなかで、若者の学習時間を奪っている実態が初めて明らかになり、これらを考慮すると定時制、なかんずく通信制という通学形態を選ばざるをえなかった者も少なくないと思われる（『東京新聞』二〇二二年四月一三日）。

家族形態の複雑化や超高齢化社会の到来が、若者の学習形態にどのような影響を与えているかについての研究は始まったばかりであり、今後注目していきたいが、それでもここで指摘しておきたいのは、これまでのいきさつもあり、教育の場においても対人関係や友達とのふれあいを望まない生徒の多さである。これは、旧来の社会の崩壊を予感させる。

少し前まで、列車の座席は四つマスだった。これはとくにイギリスなどを中心に、前の時代の乗合馬車を引き継いだもので（アーリ、138）、向き合う人との話しやすさに対応している。しかし現在、新幹線などで四つマスをみれば、煩わしく思うだろう。将来は、二人席でも煩わしくなり、一人席を望むようになるかもしれない。

学習する場合も同じである。繋がる人は、場を共有する人とは限らない。人は、どこかで他者と繋がっていたいものだが、繋がる人は、場を共有せずともスマホや携帯で自由にできる。資格なり必要な知識さえ得られるなら、同じ空間の人と繋がる必要はないのだ。

新しい社会の方向が、いつも少数者から始まるとすれば、比較的相似た高等学校の進路としての定時制と通信制とで、後者が前者を食うような形で進んでいるのはなぜか、気になる。

2節　深入り避ける若者

文部科学省の方針

そもそも教育行政に影響ある、文部科学省の基本方針はどうか。文部科学省の『高等学校学

習指導要領解説　総則』（文部科学省、2018）は、通信制課程の面接指導のあり方として「個別指導を重視して一人一人の生徒の実態を十分把握」し、「自宅学習に必要な基礎的・基本的な学習知識について指導」し、「その後の自宅学習への示唆を与え」ることを求めている（同、113）。

近年設けられた通信制高校の質の向上を目指す委員会でも、通信制とはいえ多様な個人こじんに向き合い、一人ひとりの個性を尊重する主体的で対話的学びの深化のためにも、教員配置の充実を期すよう設置者に求めている（「ガイドライン」、1）。

もともと『中等学校通信教育指導要領（試案）』（文部省、1948）は、「学習指導の第一歩は、生徒の個性をつかみ、これを正しく発展させること」とあり、「個人差や環境の差異を無視した一律の指導は、その大切な効果を著しく減ずることになる」と指摘していた（手島編、174）。ここには教育の目的が、個々人の個性を把握し、個性に見合った指導をすることであり、個々人の差を無視した一律指導は、教育に値しないとされている。

定時制と通信制を比べた場合、少人数の対話形式を重んじるのは、定時制の方であり、通信制は、生徒がみえない分、生徒の個性を無視した一律指導になりかねない。そうならないためにも、通信制教育では、添削指導と面接指導に重きが置かれ、添削指導は、高校通信制の基幹の一部とされ、添削を通して個人の特徴や弱点を知り、本人の個性に即した面接指導に活かすことが求められている（「ガイドライン」、8）。

しかし現実はといえば、こんにち、肝心の生徒側に対話を避け、積極的な関係への回避がみられる。明らかに若者の間に、人と人との直接的な交流を避ける非人格化、なま身の触れ合いよりスマホや顔のみえない・顔をさらさない会話を望む、その限りで感情共有も好まない、対人とは物象的な関係・記号（😭、♡、❔）でよしとする傾向がみてとれる。

生徒の動向

実際、生徒数はどうか。再び前述の「高等学校の生徒数（課程別・推移）」（図1）によると、一九八〇年以降、二〇一九年までの定時制高校、通信制高校の全生徒数の特徴がうかがえる。二〇一九年を例にすると、全日制、定時制、通信制生徒総数は、三三七万人である。うち全日制は、九一・七％、定時制が二・四％、通信制が五・九％である（図1）。これまで定時制と通信制では、定時制の生徒の方が多かったが、図1からも一九九〇年以来通信制の在校生の方が多くなり、その差は年々開いている。年ごとに高校生の数が減る少子化時代、通信制の在校生率が年々増えている現実をどう捉えるか、これは重要な社会学的課題である。

同図によると一九八〇年には、定時制高校生の方が二万人ほど多かった。しかし一九九〇年になると、六〇〇〇人ほど通信制の方が多くなり、逆転する（正確には一九八七年）。最新の二〇年には、通信制の生徒数は二一万人を突破し（二一万八四二八人）、高校生の約一四人に一人が、通信制に在籍している（文部科学省、二〇二〇年度「学校基本調査」速報）。

図2、**図3**は、定時制、通信制の近年の変化をさらにダイナミックに示す。図2は、定時制校数の急激な減少を示している。一九五五年に全国に三一八八校あったのが、二〇一八年には、六三九校と五分の一にまで激減した。ここ二〇年でみても、一九九八年から二〇一八年でも八九二校から

高等学校の学校数（定時制・通信制課程の推移）

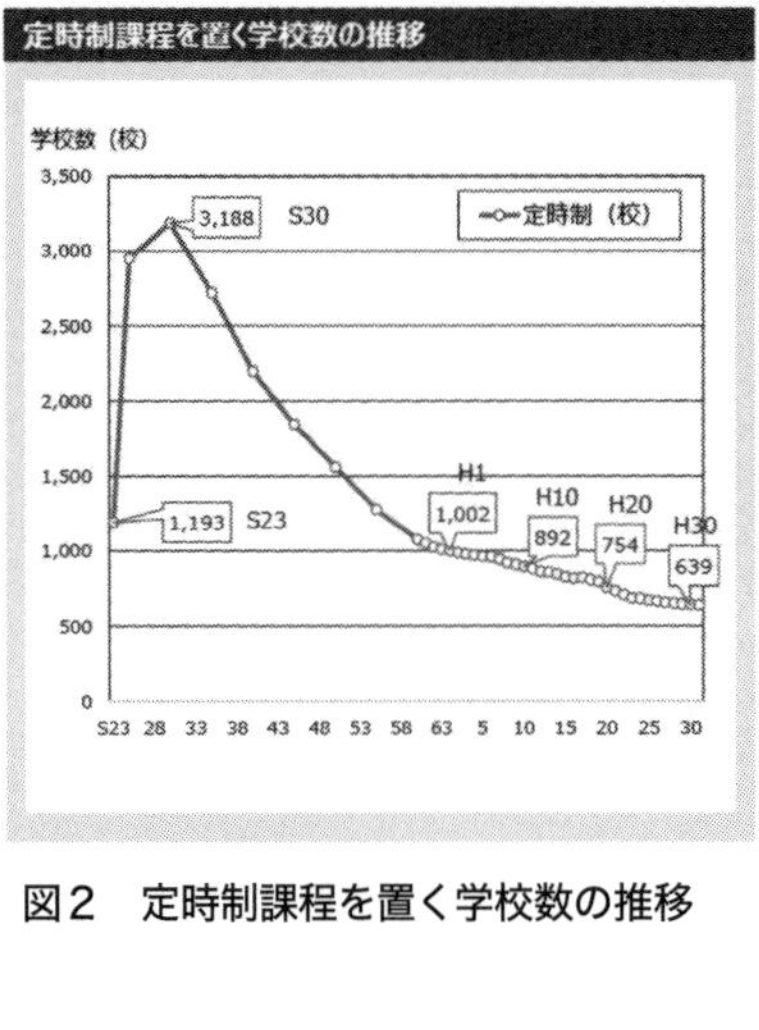

図2　定時制課程を置く学校数の推移

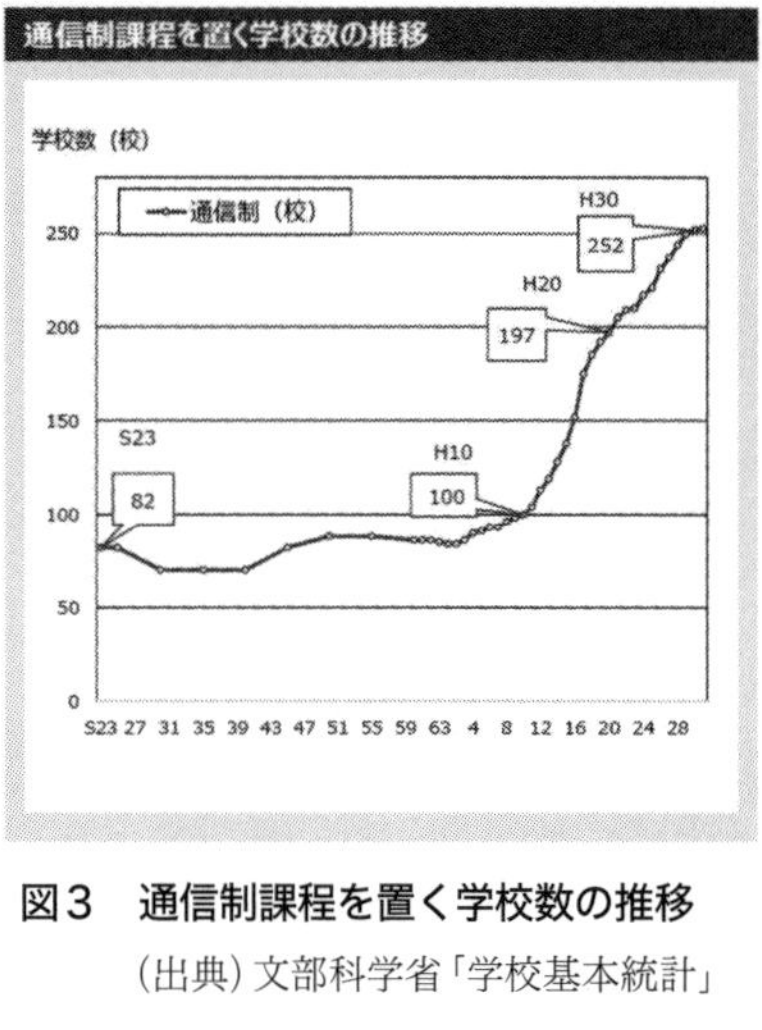

図3　通信制課程を置く学校数の推移

（出典）文部科学省「学校基本統計」

六三九校にまで、二五〇校以上も減っている。反対に増えているのが、通信制で、とくにここ二〇年の変化が大きい。一九九八年の一〇〇校から二〇一八年には、二五二校と二・五倍の増加である。

こうした通信制に通う生徒数の台頭には、もちろん近年の私立の通信制の増大がある。通信制私立の九割が、二〇〇〇年度以降の設立という（山口、230）。ここ二〇年間でみても、一九九六年度の私立の通信制高校の数はわずか二八校だったが、二〇一六年には、一六七校と六倍近くに増加した（「審議会のまとめ」、4）。通信制高校の許認可権は、都道府県知事が有する。

通信制への需要が高まるにつれて、私立校が対応するという、ここにはかつての大学大衆化と同じパターンがみてとれる。以前、大学大衆化の時代、国立大学はほとんど増えなかった。

例えば、一九六〇年、日本には国公私立大が二四五校あった。国立七二、公立三三、私立一四〇であり、私立の大学に占める率は五七・一％であった。それから半世紀以上たった二〇一七年には、それぞれ八六、九〇、六〇四となり、国立は一四大学増えただけだが、私大は四倍以上に増え、私大の大学総数に占める率は七七・四％にも及ぶ（文部科学省、『学校基本調査報告書』高等教育機関編、113）。大学教育大衆化の国民の要望に応えたのは、私大の増加による。

同じことが、通信制高校にもみてとれる。若者の通信制高校への需要の高まりを私立校が敏感に察し、身近なところに通信制高校が増えたことで通学者が増える、通信制の在校生増大の背景には、双方の要因が絡んでいる。

変わる若者

通信制興隆の背景に、若者の変化が起きているのも見逃せない。再三指摘の通り、近年、若者が人と人との触れ合いを望んでいないことである。これまでも高等学校進学の段階で、定時制には、人と人との会話の苦手な生徒が結構進学していた。定時制にもいろいろあり、全日制のように昼間から通える所、学年制ではなく単位制の所等、さまざまだが、一般には昼間は働いている者も多く、学校に拘束される時間は、全日制に比べてはるかに少ない。クラスの担任教員なり仲間との接触も、限られる所も多い。こうした教員なり、クラス仲間との接触がさらに少ないのが、通信制である。

通信制の授業は、自己管理による自学・自習を基本とする。内容は、前述の通り課題の添削指導によるレポート、スクーリングと呼ばれる面接指導、テストに分けられるが、近年はスクーリングを望まない生徒が多い。さらに、友人との関係すら築こうとしない生徒もいる。

こうした近年の若者の動向を示すのが、**表1**である。これはここ四〇年弱の、通信制高校の

表1　通信制高等学校の年代別・年齢別生徒数の動向

年齢＼年	一九八四年	一九九六年	二〇〇六年	二〇一六年
一五〜一九歳	五〇・九%	六〇・〇%	六八・三%	八〇・一%
二〇〜二九歳	二〇・一%	二六・七%	二三・八%	一五・六%
三〇〜三九歳	一七・七%	五・四%	四・六%	二・八%
四〇〜四九歳	八・七%	五・一%	一・五%	〇・八%
五〇〜五九歳	二・〇%	二・一%	一・一%	〇・三%
六〇歳以上	〇・六%	〇・七%	〇・七%	〇・三%

（「高等学校通信制教育の質の確保・向上方策について」より引用）

年齢別生徒数をみたものである。ほぼ四〇年前の生徒には、二〇歳以上の生徒が半数を占めていた。しかし近年は、通信制生徒の八〇％以上は、一〇代の若者である。現在、通信制に在籍する者の多くは、社会人や勤労学生ではなく、その多くは全日制と変らぬ若者である。

しかも例えば、二〇一五年度の通信制高校の入学者数四万五九八六人に対し、当該年度の入学者総数、六万五六一一人が示す通り、中途入学者が多い（「審議会のまとめ」、5）。こうなると不登校や中途退学により、後期中等教育から排除される者を辛くも阻止しているのが通信制高校ともいえるが、注目すべきは、この一〇代の若者の多くが、全日制なり定時制に満足していない事実の方である。

通信制高校を選択する生徒のなかに、社会が急速に変化し、働きながらスポーツ等に精をだし、学ぶ生徒が多いことを否定しない。二〇二一年の東京オリンピック参加者の日本選手にも、複数の通信制高校出身者のいたことは記憶に新しい。また既存のカリキュラム以外の資格や分野に、関心をもつ生徒が多いのも事実である。さらに前述したように、社会が高齢化、複雑化するなかで、子どもが親・兄弟姉妹の面倒をみなければならないヤングケアラー等の問題も無視できない。しかしこれだけでは、近年の全日制から定時制へ、そして定時制から通信制への変化が説明しきれないのも事実である。

繰り返すが、社会の変化がいつも少数者から始まるとすれば、これは世のなかの、あるいは教育界の、人と人のコミュニケーションの在り方が、大きく変化していることを物語る。携帯電話やスマホで育った若者に、直接的な対人関係を避け、学習するにも情報なり記号を好む傾向がみて取れる。

通信制教育では、教員も講義で、学生に雑談する機会は少ない。雑談は一見、無意味に思われるが、反面、教員の人格をよく示し、生徒との間に親しみなり打ち解けた関係を築く潤滑油の働きをなす。しかし通信制の講義では、自分の名前と当日の講義の題名を話したら、いきなり内容上の話が求められる。人格どうしの触れ合うチャンスは消失しており、受講生の反応をうかがう機会も失われている。

高等学校の時点で、対面式の全日制や定時制より非対面式の通信制の方が、近年、関心を集めているということは、人類史上、どう考えればよいのか、考えてみたい点である。

個性の微分・積分時代

産業の成熟との関連で若者の社会関係の質的変化、他者との深い交流を忌避する傾向に気づいたのも、ジンメルが早いと思われる。ジンメルは、社会が多様化し所属する圏（コミュニケーションの行われる範囲）が複雑化するにつれ、人は一日のうちにさまざまな生活圏（家庭、学校、職場、クラブ、組合、アルバイト先等）を頻繁に行き来する。その際、特定の圏に身を置くたびに、人格を使い分ける。ときには、所属ごとに役割期待に応じ人格の操作、演技も行わざるを得ない。そのことにより、個性もますます伸長する。

こうなると特定の自己の人格（カラー）にこだわっては、生活できない。所属する場ごとに人格を変え、期待される演技・役割をこなすことが求められる。それには、身を置く場ごとに人、格の一部のみを交差させ、深い繋がりを回避することである。つかず離れずの交際が、最良とされる。人格のすべてを丸ごと特定の圏にさらけ出すのは、リスクが大きいのだ。

社会の容積が増し、高密度化した組織のなかを現代人は、刻一刻渡り歩くが、各組織では人格の一部のみを切り売りしつつ、つかず離れずの自由を満喫する。しかし同時に、どの圏に所属しても自分自身はさらけださず、その限りで孤独という代償を払わざるを得ない。この生きざまは、まさに近代以降に生きる人間のありのままの姿ではないだろうか。

ジンメルからヒントを得たのであろう、三木清は、孤独とは一人でいることではない、多くの人がいるにもかかわらず、人々と繋がりの切れている状態——関係性が絶たれていることであり、それゆえ孤独とは、人のいない山や田舎の問題ではなく、人の多い都市の話であり、「大勢の人間の『間』にある」「真空の恐怖」だと述べたのであった（三木、73）。

現代は、ジンメルや三木の時代より、個性はさらに細分化されている。まさに個性の微分・積分の時代を迎えている。微分・積分とは、個々人の個性なり価値が、個々人のものという限りでは特殊的なものでありながら、電子情報社会化のもとでは、その特殊なものがさまざまな形で結びつき、他者にも共有されていることをもって、特殊でありながら普遍妥当性を要求するような事態の出現である。こうした個性の子どもが集まる通信制では、多様性のなかで共通な部分をどう構築するかが、大きな課題となる(「概要」、1)。

通信制教育のメリット

こうした若者たちの変化なかで、あらためて通信制教育のメリットを考えてみる。四つに集約される。一つは、情報機器の発達により学習機会の時間的・空間的不平等を解消したこと。前述した時間と空間の制約を解消し、いついかなるときでも学ぶ意欲のある人に、対面式授業にこだわらない多様な学ぶ機会を約束した。

具体的な例をあげよう。日本は、国土面積が狭く均質的な空間からなると考えがちである。大学はどの県にも一つはあると思いがちである。北海道は、県の代わりに以前は支庁、現在は振興局が置かれている。振興局の広さは、本州の都道府県に相当するが、大学のない振興局は複数に及ぶ。こうした人々にも、近年の通信技術の発展が、高等教育を受講する機会を与えた意味は大きい。

この学びのメディア化とそれに基づく多様化は、コロナ禍において加速化された学校教育のGIGAスクール構想にもうかがえる。この構想は、文部科学省を中心に二〇二四年までを目標に小・中・高の児童生徒全員にパソコン環境を整え、従来の一律、一斉、同方向の画一授業とは異なる、各人の個性に応じた最適化授業を目指すものである。

さらに経済産業省の「未来の教室」は、教育と最新のテクノロジーの融合ともいえる「エドテック(Edtech)」に、教育の自律化、個別最適化をみて、これからの教育の在り方を説いている。

これらの構想にもうかがえるように、近年の通信技術を踏まえた新しい試みには、さまざまなメリットがあるが(「学術データ利活用提言」、こ、本書では、制度としての通信教育一般を論じているので、道具としてのメディア機器の優位性については、ここで論じない。

二つは、国民の教育権の保障を確固たるものとしたことである。教育を受ける権利は、国民固有の権利とされながらも、しょうがい者や高校の中途退学者には、学びにくい現実があった。こうした高等教育の切り捨てられやすい人にも、学ぶ機会の保障になっているのは、重要である。

例えば、文部科学省によると、二〇一六年度、三万三二一五名の生徒が通信制高校へ転・編入している(山口、222)。この数は、同年の通信制入学者六万八七八一名の入学者中、四八%を占める。それだけ近年は、中途退学者が多い。以前なら、高校に通えなくなることは、そのまま高卒資格の断念を意味したが、通信制により、高卒の資格がとれることは、大きな前進である。

ちなみに通信制高校の場合、入学者より卒業生の方がいずれの時期も増えている。それだけ全日制や定時制から、通信制へ転入・編入してきた生徒が多いことを示す。これは結果として、現在の全日制高校や定時制高校の一部で進む、教育崩壊寸前の状況を物語る。少し前は、定時制が全日制最後の砦といわれたが、それが現在は、通信制に代わっている。その任に応えようとしている通信制の意義は、たしかに重要である。

三つは、学びの形式に関するものである。通信制の利点としてしばしば自分の生活設計に合わせて自由に学べることが指摘される。一定の決められた時間に集合し、決められた手続きにしたがって集団行動することが苦手の人は確かにいる。

山口教雄がいうには、通信制高校の生徒と話すと、やさしい、人の気持ちを汲む子が多いという。学校に通えなくなるのは、傷つきやすく、人に気を使いすぎることと関係している(同、27)。こうした人も、他人の存在を気にすることなく、自分のペースで自由に学べるのが、通信制である。通常の集団で学ぶ授業では切り捨てられるような人にも、自分の個性に合わせて学べる機会を提供した意義は、大きい。

この通信制がもつ学びの自由、これは確かに大きいようだ。「通信制は焦らず、休まず、あきらめずの精神で、何事も自分のペースで取り組むこと」(「審議会のまとめ」、こ)が、肝要という。通信制にたどりついた生徒の感想をみると、異口同音、通信制を評価するのは、学びたいときに学べるこの自由な環境なのだ。むしろ、友人を得られないことには不満な者も多く、それでもいったん手に入れると手放せないのが、学習形態の自由ということのようだ。それだけにこれは、デメリットにもなる。

四つは、多様な関心への対応である。すでに現代の若者の個性が、細分化の次元を通り越し、微分化・積分化の状況にあることは述べた。かくものの考え方や価値、欲求が細分化されていれば、一般の高等学校が、その要望に応えるのはかなり難しい。しかし現実には、海外で生活しながら日本の高等学校の修了を目指し在籍し、スポーツや職業に従事しながら学んでいる者が、通信制にはいる。通信制は、学校独自の設定科目も考慮すると、現時点で生徒の望みうる最大の多様性に応えようとしている。

それだけに、多様性にもかかわらず、高校教育として順守すべき共通部分への対応が求められる。通信制高校といえども教育基本法はもとより、学校教育法の枠外にあるわけではないので、いかにほかの学校との共通部分を活かし、多様性を追求するかが課題となる。これは次で検討する。

通信制教育のデメリット

これも四つある。第一は、いま述べたことと関連づければ、自由に自分の個性に従って学べることは、学ばなくとも自由ということだ。自分をよほど自制できないと、ドロップアウトと隣り合わせでもある。通信制は、大学も含めてドロップアウトが多い。

ある通信制高校の生徒へのアピール・メッセージをみると、「効率よく高等学校を卒業したい」「現在、不登校、毎日通学したくない」「高校中退したが、高校をやり直したい」「いまの高校に通いづらい、出席日数が足りない」という生徒への呼びかけが載っている。

こうした生徒に対し当高等学校は、「インターネット学習のため、いつでも好きな時間にできるので効率よく学習できます」「登校日最短年四日間なので毎日の通学は不必要です」「高校をやり直すことができます。前の高校での単位が引き継げる場合があります」などと答えている。

毎日規則的な学習ができなくて、年四日の教員を含め他者とのふれあいだけで済まそうとする生徒もなんとか救済しようとしている。その点、通信制高校のいいところは、自学・自習ができることだという。手島純編『通信制高校のすべて』も、通信制の長所として二点、自分のペースによる受講と自由時間の享受をあげているが(同、212)、自由な受講といい、自由時間の享受といい、自学・自習できる子は、全日制でも十分やっていけるのではないか。

『あなたのお子さんには通信制高校が合っている!!』によると、二〇一六年度、公立通信制高校に入学しながら一科目も履修していない生徒は、四割に達する(山口、242)。一科目でもこれだけの数字であるから、一定の科目履修のできない生徒が多いことは想像に難くない。同様の指摘は、通信制高校の質を担保しようと設けられた委員会でも指摘されている(「概要」、3)。

通信制が、通学や時間の縛りがなく学びたいとき学べると、よく強調するけれど、ここでいう自由は、放恣《ほうし》と表裏一体である。放恣を自制できる生徒は、どの学校でも十分、対応可能であろう。私見に属するが、あまり自由、自由と通信制高校の良さを強調すべきではない、とも思われる。

二つは、仲間をつくれないこと。お互い話し合って学習の進捗《しんちょく》度を確認したり、悩みや問題を話し合えないことである。石原朗子(手島編、196)は、「なぜ高校通信教育のみで卒業できなかった」かと問い、次のようにいう。「その理由は一九五〇年に出された『中等学校通信教育指導要領(試案)補遺』のなかに中学・高校の共通の事柄として示され」ている。「有能な社会の形成者を養うという目標は通信教育だけによっては達成されない」と考えられ、「個人の資質を最大限に伸長する目標や職業的能力を養う目標についても通信教育だけでは達せられない」と考えられていたと。

ここで注目しておきたいのは、当時、通信教育では社会の形成者としての人間の人格を形成するには、不十分と考えられていたことである。知識の注入は可能でも、人格形成には向かないものとしての通信教育の存在である。教育とは、人と人との関係を通して形成される、人格的な関係にかかわるものだからである。この点は、現在も考慮すべきことと思われる。

それだけに近年、通信制高校でも「添削指導等を通して明らかとなった個々の生徒のもつ学習上の課題を十分考慮しながら……個々の生徒のもつ学習上の課題について……示唆を与えたりするなど……個に応じた指導の徹底を図るものとする」（「ガイドライン」、8）と述べているのは、通信制といえども個性に即した教育の課題は、変わらないことを確認したものとして注目しておきたい。

三つは、通信制の限界にもかかわることだが、実体験、実施調査、実地研究、実験・実習ができないことである。通信制は、知識、情報、理論等の講義は自由に聴講できても、実技、実験等には向いていない。さらに通信制は、個性を引き出すための教育や個々人に即した内在的な資質を引き出すための教育、もっといえば、教育が人格形成も伴う時期の教育には、限界があるということである。

教育は、大きく知識・知能を媒介にした人格形成の教育と技術、情報修得の教育に分かれるが、前者の教育には通信制教育は向いていない。前者の教育は、日本の教育制度では義務教育時に相当するが、この時期の教育には社会性や協調性も重視され、これにはどうしても人と人との関係性、集団が必要である。こうした教育（時期）には、通信制教育は向いていない。

四つは、通信制の魅力になっている多様性が、ときに恣意的になされる危険である。ある通信制高校で問題になったのは、日常的な買い物の計算をして数学の単位に換算することだった。世間の目は、いきおい通信制に厳しくなったが、通信制高校のなかにはその後も、学校設定科目のような目玉となる科目で年間指導計画がはっきりせず、一単位当たりの面接指導や学習時間も不十分なことが指摘されている（「概要」、⁊）。

売りの多様性が、安易な指導計画や学習態度を生むものであってはならない。以前の事例では、座学が要請され、そこまで認めて入学したわけではないと、トラブルになったケースすら報告されている。多様性の尊重を強調するあまり、学習に対する基礎訓練すら拒むものであってはなるまい。報告された問題のなかには、学びの基本を欠く例も少なくなく、多様性とともに、人と人との関係や学びの姿勢をいかに身に着けさせるか、基本的なことも試されている。

高校は、年齢的にも人格形成型教育と技術・情報修得型教育の分岐点に相当するが、肝心の高校生に近年、教員や友人とのコミュニケーションを敬遠する傾向がみられる。スマホで育った世代には、リアルな対人関係より、記号の交換で済ませる傾向がみられる。前述したが、感情の共有すら、なまの会話ではなく記号でするのを好むのだ。

そこで考えてみたいのが、通信制教育のみならず、映像に潜むバーチャルリアリティ（Virtual Reality, VRと略）に慣らされることに伴う感性のリスクである。これについては、節を改めて問うことにしよう。

3節　通信制大学の現在

物象化する学生のコミュニケーション

通信制は、大学や大学院でもいまや盛んである。現代の若者は、スマホやパソコンを通して小さいときから映像文化・録画鑑賞に慣らされている。一部の小・中・高等学校では、年間の学校行事や連絡にスマホやパソコンが用いられ、進学塾はテストや講師の説明もスマホやパソコンで配信している。

本人確認がなされれば何べんでも聞けるし、テストの結果もすぐにわかる。必要ならテストに要する時間もわかれば、受講生全体のなかで自分がどのくらいの位置（偏差値）にいるかもただちにわかる。すでに録画や映像、通信文化は、若者の生活の一部に身体化されている。換言するなら若者には、小さいときからスマホやタブレットを通して映像文化受容の身体化ともいえる傾向がみられる。若者に通信制に対する構えはない。

情報機器があふれている時代、通信制をめぐる若者の間に広がるこのような裾野の変化は、進路選択の変化を知るうえでも無視できない。

大学のような高等教育機関での通信制の歴史は、大学の歴史とともに古いので、ここで通信制大学の歴史をたどることはしない。大学や大学院に通う者は、すでに人格形成の重要な時期が終わり、目標を限定しての聴講生が多いだけに、高校までの通信制の問題とは異なる。ここでは通信(制)がすでに若者に深く浸透しているので、通信制に潜む、より広い問題を考えてみたい。それは、バーチャルリアリティの孕む問題である。

一時期、他人の目線が気になり、対面で話すより電話で話すことを好む若者の存在が話題になった。基本的にこのような傾向は、いまなお続いている。こうした傾向が、若者の引きこもりや高校での通信制選択の理由の一部を形成しているともいえる。それだけに通信制は、教育現場のありのままの現実を伝えているのか、それを考えてみたい。

その前に、学校を教員と生徒の人格の交流の場として描いた社会学者にジンメルがいる。かれが、対面式授業であげた注意すべき点をみておこう。

学校教育の原点

ジンメルの『学校教育論』は、学校という場でなされる教育の古典的な意味を論じている。現代でいうならば、一律、一斉、同方向授業の原型にあたる。必要なことのみ確認すれば、学校を教員と生徒との人格的な交流の場とみて、そのためには生徒一人ひとりを独自の個性の担い手と捉え、非人格的な数字による評価をしてはならないこと、生徒の能力を生命活動の全体から捉えよ、ということであった。

教室内の姿だけで捉えないこと、生徒を教員の話を聞く一方的な受動的存在とみてはならないこと、その意味で教員の勤めは、生徒の自己活動を積極的に刺激し、自ら学ぶことを身に着けさせることである。そのためにも、教員と生徒の信頼関係の構築は、教育の原点であった（佐久間、2001, 212）。生徒個々人の人格を呼び起こすには、生徒の名前を覚え、名前でもって人格を奮い起こせ、「顔はまなざしの最初の客体」（同、212）だから、教員は生徒の顔をみて話しかけよ、などの警句が発せられる。

こうした本来の教育のあるべき姿——すなわち少人数教育のもとで各人と対面し、話しかける人格的教育に接すると、近年の日本の教育には、二つの大きな相反する動きがみられる。二つの動きとは、少人数教育ではなく、一人でも多くに等しい教育を施す大衆化の流れに依拠するものと、近年、生徒側（受講者の主体）に顕著なのは、人と向き合うことを避ける非接触型教育の選択である。大衆化教育は、遅れて近代化に乗り出した日本では、品質の等しい大量の労働者を生み出すうえで、不可欠なものであった。

しかしその結果、少数者のもつ価値や個性への配慮に欠けたため、違った者への攻撃やいじめ、不登校を多く生み、非接触型教育を選択する者が増えている。この背景には複雑な要因が絡むとはいえ、その動きは、生徒どうしの接触を拒否するどころか、教員との接触まで回避する動きに拡大している。

コミュニケーション過剰な社会のなかで、ツールを使用してのコミュニケーションならともかく、なま身の身体をさらすコミュニケーションの回避は、皮肉な現象である。通信制教育では、ジンメルの学校教育とは、異なる傾向が進行している。

通信制教育の講義類型

通信制の講義にもいろいろ多様性に富むことを教えてくれたのは、コロナ禍での授業である。二〇二〇年三月に全国の小・中・高が臨時休校となり、大学などを中心にインターネットやモバイルによるオンライン方式が採用された。しかし突然のことなので、追いつかない大学も相次いだ。そうしたなかでインターネットを利用して講義や試験等を行う通信制大学（本書ではオンライン方式の大学を指す）の授業は、微動だにしなかった。今後も自然破壊、環境悪化に伴い、このような不測の事態は起きるだろう。コロナは多分に偶然の災禍だが、この偶然性が、オンラインやリモートと呼ばれる通信教育の潜在力を引き出した意味は大きい。わけてもオンライン方式の可能性が、小学校段階も含めてＧＩＧＡスクール構想や「未来の教室」につながることを思うと、その感を深くする。

オンライン方式による授業は、大きく二つに分けることができる。一つは、同時双方向型（同期型）と呼ばれるもので、時間が固定され、場も共有され、教員は受講生をみながら授業できるタイプである。大教室には向かないが、少人数のゼミ形式には、双方向で議論もでき、教員の一方的な授業で終わらせない、対話も可能な講義方式といえる。

もう一つは、オンデマンド型（非同期型）と呼ばれる、聞く時間も場も固定・拘束されない、個々人の都合に合わせて受講できる授業である。オンライン方式による通信制大学も、この類型に入る。理解しにくいところは、納得できるまで何度も聞けるが、反対に肉声での質問はできずに一方的な聞き役になるものである。質問は、通常、メールの形で届けることになる。

オンライン授業に関し、大学生の評価も二つに分かれた。オンライン方式を積極的に評価する生徒もいる。多くの集団のなかで、私語の多い教室での講義より、映像によるとはいえ、教員と一対一の授業は、自分に合っているとするものである。質問をするにもチャットなどを併用すれば、大教室より便利だと答える者もいる。オンライン授業の種類にもよるが、オンデマンド型などは自分の時間に合わせて、何度でも聞けるのがいいと答える者もいる。

その一方で、教員に直接質問できない点や仲間と話せない、友人関係が築けない、自分の進捗状況が把握できない、等々の不満をもつ者も多い。受講生どうし横の連絡、繋がりがもてないことへの不満、不安をあげる者は多い。これはオンライン授業の難点であろう。

こうした経験から判断すると、コロナ以降の授業形式は、対面授業とオンライン方式による授業の併存型が進むであろう。あらためてオンライン授業は、ほんのわずかの話を聞くためでも、通学に長時間を要する非合理性を明るみにした。仕事でも直接場を共有せずとも、十分に意思疎通が可能なことはある。講義にも同じことがいえることを、コロナの経験は教えた。多様性なり、多数の選択肢の確保、個性・要望に応じた受講等を保障するとなると、コロナ後も双方の講義形式の並置が望まれるようになるだろう。

忍び寄るバーチャルリアリティーのリスク

通信制は、疑似環境、現実幻想、「虚構」の空間、総じてバーチャルリアリティの問題も曝け出した。現代は、技術が進んだゆえに、現実を隠したり、隠ぺいする術も進んでいる。話者と視聴者のあいだにもそうした技術は介入する。別にいう、仮想現実(VR)、拡張現実(Augmented Reality, AR)の孕む問題である。

先にみたジンメルは、教員はできるだけ本をみないで生徒をみて話せという。たしかに講演等でも、メモをみることなく論理的・体系的な話に心を打たれ、自分もそのような知識を身に着けたいと思った経験は、誰しももっている。しかしこと映像となると、話者からは話す字がみえても、目線は聴衆から離さないために、メモをみずとも自分の知識で話しているかの操作がいかようにも可能になる。

これは、テレビのニュース番組や政治家の記者会見でおなじみの現象である。アナウンサーのなかには、目によって明らかに上部の原稿を読んでいることがわかることもあるが、視聴者のみるレンズ部分に、視聴者にはわからないように原稿を流し込む技術もあり、よどみなく体系的に話すことが操作可能になった。映像上、よどみなく話す話者の姿は、その人のもつ知識を表すとは限らない。

また声である。パーソナルな会話であれば、話者の声は、目の前に実在する者の声である。しかし、話者と視聴者に距離があり、技術が介入すると、声も操作可能になる。男性でありながら女性の声にすることはもちろん、幼児の声、暗い声、明るい声、張りのある声等、いくらでも操作可能である。映像から聞こえる声、必ずしも本人の声ではない。ジンメルは、教員は抑揚をもうけて魅力ある発話を心がけよ、と述べたが、声も本人の人格には関係なく、操作可能になった。

抑揚に富んだ力強い講義に魅かれ、人格をしのび傾倒しても、現実と異なることが生じる。こうした虚構の世界、バーチャルな世界に操作される可能性は、こんにち一段と強まった。声だけではなく、話しぶり、説明の速さも操作可能である。声や話す速度は、人格そのものを表し、人柄もしのばせるが、すべてバーチャルな世界で操作可能となると、メディアを通しての人格的な結びつきには、リスクも伴う。

それでもまだこれまでの技巧には、それなりの限界があった。例えば、口の開き方などは、操作不可能であり、技巧が加えられれば見抜ける方法もあった。しかし近年のディープラーニングの施されたＡＩには、講義者の開口に合わせた画像作成も可能という。いわゆる「ディープフェイク」と呼ばれる画像である（ＮＨＫスペシャル取材班、40）。

身近な例をあげよう。二〇二一年二月一三日、宮城、福島を震度六の地震が襲った。その後、加藤官房長官の笑いながら記者会見に応じる姿がツイッター上で拡散し、みた者のあいだでその不謹慎ぶりが話題になった。しかし、テレビで放映された会見では、笑ってなどいなかった。出回ったツイッター上の画像は、専門家によればＡＩにより捏造されたものという。ＡＩで捏造すると、その痕跡まで消せる(『読売新聞』二〇二一年四月一一日)。

講義にまで、このような技術を駆使することは少ないと思われるが、いいたいのは、画像はリアルな現実と異なり、自由に操作可能ということである。少なくとも、画像で人格を偲ぶのは、リスクを伴う。

こうしたリスクは、映像による講義の世界のみならず、高度に発展した現代社会では常につきまとう。テレビ、映画、ビデオ、そのほかのラジオ等のメディアの映像、報道には、こうしたバーチャルな操作がいつも加えられている。ベンヤミンに即していえば、なまの講義はオリジナルがもつ一回性として、独自の雰囲気、アウラ性(なまの現実がもつ真実性)に富み精神性を放つが、複製された瞬間から、独自のオリジナル性は失われる。この点、現代とはそもそもが、巨大な虚構からなるともいえるだろう。

トランプ政権時代、フェイクという言葉やフェイクニュースがメディアをにぎわせた。かれは都合の悪いニュースが流れると、根拠もなくフェイクとまくしたてた。かれの功績は、アメリカ政治史に譲るが、人々をフェイクに敏感にさせたことは事実である。

こんにち、情報も映像も常に操作される危険性に満ちている。映像は、小説や漫画と異なり現実そのものと思いがちだが、なまの現実をいったん現場から遮断した瞬間、なまのアウラ性、一回性は失われ、情報技術操作の忍び込む危険が高まる。現実の非人格化、物象化、なまの現実の隠蔽の可能性である。講義にも、こうした操作の忍び寄るリスクはいつもある。講義も知識の中身以外は、仮象（Schein）と思った方がよい。

規則・制度のバーチャル性

現実と制度との乖離《かいり》を物語るのは、例えば通信制大学による本人確認、出欠の制度であろう。まず、入学時の本人確認である。通信制大学であっても、本人確認はなされなければならない。

筆者の知る通信制大学の通常の確認は、本人、提出されている写真、免許証やパスポート、そのほか類似の顔写真付き証明書との照合による。大学近辺の居住者には、入学式や都合のつくとき直接大学に出向いてもらい、本人確認がなされる。

しかし、通信制大学のいい点は、大学が離れていても空間的距離には左右されずに、講義に参加できることである。海外居住者や国内でも地方居住者には、帰国や上京の機会をみて出来るだけ早めに、本人の直接確認を求めているが、コロナ禍以降の特別措置として、来訪困難な者にはウェブ会議システムを活用し、本人の顔と身分証明書、さらに住民票による所在地確認により身分証明ができれば、学生証が送付される。通信制大学は、対面授業と異なり遠隔地に住む個人の都合を優先させざるを得ないこともあり、本人確認に手間取ることは多い。

リアルな現実との照合の難しさは、出席、遅刻、欠席等の講義への参加をめぐっても生じる。一般に学校は、法律に基づいて出席管理が行われる。小・中・高等学校の出席を規定するのは、学校教育法施行規則二五条である。

大学の出席管理は、大学設置基準二五条に授業方法が定められ、その二に、「学修の成果に係る評価及び卒業の認定」に関しては、「客観性及び厳格性を確保」するため、「その基準をあらかじめ明示するとともに、当該基準にしたがって適切に行うものとする」とある。通信制大学も独自の方法によって出欠管理はなされるが、一般の学校と同じ文言を使用するので、現実との齟齬が生じる。現実とバーチャルリアリティの差である。

通信制大学の出席確認は、講義を受講し映像確認がなされて、一回ごとに定められているテストを授業の配信期間中に受験することでなされる。受講は、各自思い思いの時間・空間で行うので、大学側が一人ひとりリアルな現実をチェックできるわけではない。時差を含む画像を通したチェック（無作為抽出）に、映像と現実の乖離から思わぬトラブルが発生することもある。

同じことが、遅刻、欠席にもいえる。遅刻も、教場の講義ではないので、講義開始後の姿が確認できるわけではない。それぞれ思い思いの時間をやりくりして、受講生自身が決めていく。遅刻とは、講義ごとに資料が映し出され、一定の期間以内に小テストを受験する決まりであるが、期間中に受講・受験しないと、遅刻扱いになる。遅刻は、〇・五回の出席になり、三分の二以上の出席がないと授業終了後の単位認定試験の受験資格を失う。単位認定試験を受けなければ、単位取得は不可能である。

通信制大学の非人格化の典型は、欠席のチェックにうかがえる。欠席は、通信制大学の場合、小テストを受験しないことと同義である。日々の出席確認より、最終的にはテストの受験という別形式で出欠確認が行われる。したがって講義は受け、映像で証明できても、テストを受けないと欠席になる（講義動画を再生しただけとみなされる）。反対に講義は受けないが、資料やレジュメだけをみて期間以内にテストを受けパスすれば、単位が認定されることもある。これは、本人の現実の行動と落差のある、リアルな現実とは合致しない、非人格的な対応の一例である。

授業は受けても、テスト受験の有無で、授業そのものの出欠が問われる仕組みは、欠席という概念とリアルな実像が合致しない現実との乖離を示す例である。別の言葉でいえば、非人格的管理――当の本人の行動とは合致しない管理の見本となる。制度的にこうした形でしか、出欠を確認できないところに、通信制大学の教育システムの非人格的性格の一端がうかがえる。遅刻のチェックも同様の問題を含む。

映像の世界とはいえ、出席数を一定数満たさないと、単位認定の受験資格が得られないシステムは、ときには対面授業では考えられない問題が起きる。何らかの事情で、所定期間内の授業参加数が難しくなると、ブラウザを用いて複数授業を同時受信するのである。対面授業でいえば、同じ時間帯に行われる授業を、場所を変えて受講するようなもので、現実には代返でも頼まないと起こりえないが、機器の世界では一人で実行可能である。ただし、代返で出席扱いになっても同一時間内の履修は、教務上自動的にチェックされ、登録は不可能である。

通信制大学でも、同一時間内の複数授業受信は直ぐに見破られるが、対面授業では起こりえなくともメディア授業では起こりえるなかに、仮想空間と現実の授業との落差がある。

テストも教場では行えないため、リアルな本人との照合はできない。あくまでも提出された写真と受験中数分おきに撮られる写真（長時間伏せたままだとアラートが作動する等）の自動照合（顔認証システム）による。生徒と教員との普段の人格的交流もない。通信制は、教育という名の非人格的教育の見本となる。ジンメルがいった早く生徒の名前を覚えよ、名前を呼ぶことによって人格的なものを奮い起こさせるといった事態は生じない。

物象化とは、人と人との関係が、モノが介在することにより直接性を失い、なまの現実を覆い隠す事態をさすのなら、大学とは限らないが、通信制とは、教育における人と人の関係の物象化が生じる場のひとつの典型ともなる。

通信制大学では、リアルと映像が一致しないなかにすべての仮象が現れている。典型は試験の内容である。対面の大学における試験の中身は、会場で一回限りみれる。その場でみた試験の内容は、誰も事前にみることはできず、正解も伏せられている。しかし通信制大学では、試験は、会場で一度限りではなく、各人それぞれの時間・空間で挑戦できる。これが通信制のいいところである。

しかし、もし兄弟や親子が学生であり、同一科目、同一試験に臨む場合、試験の中身が何か、正解も何か、先に受験した人にはわかってしまう。テスト問題等の漏洩《ろうえい》は、固く禁じられてはいるが、不正調査ができるわけでもない。兄弟、親子に限らず、親しい友人のあいだでも、メールで簡単に情報交換のできる時代、受験時間に差が生じれば、先の者があとの者にテストの内容を教えることは可能である。オンライン制ということの性格上、同一時間、同一条件によるテストが不可能ななかに、不正の行われる客観的可能性は生まれ、リアルと仮象空間との差のなかに、問題の根源も潜む。

また「他人の力を借りて解答する」ことが禁止されても、映像によるチェックは、人物確認が主なので、机上のものまでには及ばない。ということは、机上に何があってもよく、教場試験でいえば、何でも持ち込み可に相当する。単純な用語の解釈や理解を問うテストは、意味をなさない。本人の真の力を試すテストとなると、科目にもよるが論述テストになる。そうなると受講生の数とも関連し、実際には難しい問題を含む。これらはすべて、リアルと映像の差によりもたらされる。アウラな一回性と、別次元でシステム化される通信制講義の課題ともいえる。

通信制大学のテストは、さらに専門分化も進む。通常、対面式授業のテストは、教員が出題し、教場でテストを行う。受講生が多く、試験会場が複数に及ぶときは、出題教員だけでなく第三者に監督を依頼することはあるが、少なくとも教員は、試験会場でリアルな受験生の姿を確認できる。

これは重要な意味をもつ。受験生の問題をみたときの反応や筆記状況、テスト中のゆとり等から、日頃の理解度、試験問題の難易等が確認できる。こうした反応をみて、次の講義や問題作成にも活かされる。会場でのリアルな受験生の態度確認は、受講生と教員の学習上の人格的関係の延長にも匹敵するものであり、試験も年間の講義回数に含まれるのはこれゆえ、と解することもできる。

しかし通信制は、テストを受ける時間もオンデマンド（本人の要求しだい）のため、人によりまちまちである。仕事や自分の集中力から、テスト時間に深夜を選ぶ者も多い。教員が、学生一人一人の反応を確認することは不可能である。通信制では、講義・受講生の反応確認・テスト評価の関係はさらに専門的に分割・分化し、講義は教員、受講生チェックはスタッフ、テスト評価は機器と別々に行われる。

受験中の状況確認にも機器が入り込み、講義者とは異なるスタッフの目視確認になる。一斉に行われる教場での受験生のさまざまなまなざしとは、ここでも切れている。提出される答案・採点もまた、教場で提出されたリアルな筆記とは異なり、パソコン上での解答・機械的な採点となり、人格的な関係はすべて消えている。

本来なら通信制でも受講生の反応が、テストも含めて講義者本人にも確認できるシステム（機会を設けること）が望ましい。どのような話題に学生がひらめき、反応し、どの説明に沈黙、退屈するかがわかるからである。

中退が絶えない

　こうしたバーチャルな教育、仮想現実の教育とどれほど結びついているのかは一概にいえないまでも、通信制大学は、中途退学者が多い。

　前述したが教育は、あらためて二重の意味で人格的な交流に基づくものである。繰り返せば、教員と学生との、学生どうしの人格的交流であった。通信制大学は、機器を用いる性格上この二つの人格的交流を欠いている。学生は、講義する教員との相互交流を欠いた状態で自学し、学生どうしの相互交流もない形で自習する。

　わからないところを書き言葉で質問することはできるが、言葉(声)を介してはできず、他の同じことを聞いた学生と意見交換することもできない。そうした孤立的状況のなかでの学習が、積もり積もって不安となり、学ぶ意味の目標喪失となり、中退を選ぶ者も多い。

　この点、各大学で行われているオンラインの授業とも、区別して論じる必要がある。同時双方向型の授業の場合、教員と学生は、直接繋がっているので質問ができる。決められた時間に参加するという制約はあるが、学生どうしの横の繋がりも教場のようにはいかないまでも、それでも確保できる。他方オンデマンド型は、決められた時間内の受講という制約はないが、各自自分の都合に合わせて受講するだけ、教員とも同じ科目の聴講者とも、相互関係が切れている。同じオンライン授業でも、コロナ禍に各大学で取り組まれた授業、とくに同時双方向型と通信制授業の形式上の違いは、明確にしておかなければならない。

そうでなくとも毎日決められた講義に出席するのが苦手な学生には、自分の意思に基づいて、学習計画をたてるのも辛いのではないか。

また通信制が売りにする、スマホでも受講が可能とか、電車のなかでも受講できるというスタイルが、初めから安易な学生を集める可能性も否定できない。かれらの質問をみていると、一、二行単位、短文の質問文が目立つ。これはスマホで打つため、長文は面倒で、正解なり結果のみを知ろうとするからである。明らかに乗り物により移動中で、調べるのも面倒なので、友人感覚で「これってなあに」といった質問が多い。社会科学につきものの、正解とは無関係に、思考や論理そのものを深化させるような質問はあまりない。

反対に多いのは、試験に関する質問である。講義の内容に関するものが少なく、正解に関する質問が多いことは、明らかに受講し、質問する媒体がスマホであることと関連する。スマホでも受講できるのは、受講形態の選択肢を多くするうえでは重要ではあるが、スマホだけでは、理解も、質問もスマホ的(その場しのぎの短絡的なもの)になる。スマホの機種にもよるが、資料など、大きな画面を必要とするのに向かない場合も多い。参考文献に目を通すなどということも、ほとんどない。

これは通信制に通う学生が本を読まないというより、受講後、日も浅いうちにテストに臨まなければならないシステムにもよる。通信制のテストにもいろいろあるが、よくあるのは、一回の講義時間を数分単位に分け、そのつどテストを課し、継続性を担保しつつ進める形である。こうなると学生は、記憶の鮮明なうちに受験しようとし、参考文献や講義以外の資料に目を通すゆとりが無くなる。各回に課せられる試験制度が、他の勉学を妨げている。

その意味では、参考文献を読まないのは、本人の意欲の欠如より講義と試験の組み合わせに基づくシステム的なものにもよる。となるといっそうのこと、短時間単位に授業を区切り、そのつどテストを課す方式を止めてはとなるが、そうなると現実には、授業を聞かない学生が増え、かえって途中放棄する者も多くなる。

この点で、通信制教育に向く分野と向かない分野もあるようだ。一般に機械的な知識や情報の修得に、通信教育の果たす役割は大きい。資格を取得するための知識や情報の修得は、無知を有知に変えることが基本で、それには通信制教育による機械的、反復的学習も大いに価値がある。

しかし、一般に社会科学、とくに答えのないものの見方、考え方など、さまざまな文献にあたり論理性、整合性、総合性を養うような分野の教育には、向いていない。このような分野は、何よりも他者の考えを知り、さまざまな見方、考え方を通して自分の考えを鍛えていくことが必要であり、知識や情報を入手したからそれで十分とはいかない。やはり教室などで、相互に討論する必要がある。

そんなところから、一方的に知識の受容を課すのではなく、講義にも親しみやすいキャラクターを登場させ、架空の仲間との討論を通して理解させる研究も進む。陥りやすい誤りをキャラクターに演じさせ、間違えが自分だけではなく、みんなに共通することを示しつつ、同時に孤独な学習も和らげる試みである（坂本他、187）。しかしこれには、キャラクターの学力水準の設定や限られた時間内での配分等、検討すべき課題も多い。

また試験も四肢であれ五肢であれ、多肢選択式ではなく、論文形式がよいが、そうなると何百人という受講生の論述を決められた時間内に読むという難点も残る。

コロナが終息しても、オンライン方式の授業を残せという要求は、強くなるだろう。コロナ禍中は、対面かオンラインかが争点だったが、コロナ禍以降は、対面もオンラインもとなるだろう。歴史の流れはいつも、短期でみると偶然でも長期にみると必然であることが多いからだ。

オンライン方式を残した場合、さまざまな光景が目に浮かぶ。教室で直接聞く学生のためにも教員は、以前のように教壇で話すことになるが、一〇〇人の授業でも参加する者は、一〇人程度になろうか。この一〇人とて、講義というより友との会話なりクラブへの参加が主目的かも知れない。一方、メディア授業の参加者は、八〇名を超え、ウェブ上はすべて出席していることになっているが、実態はわからない。リアルな繋がりは消えている。

たしかにオンラインを残せば、修得すべき単位の少ない学生は、郷里に居ながら受講できる。不必要な支出を節約できる経済的なメリットは大きい。自宅通学でも、遠距離通学のロスを防ぐメリットは大きい。ただ個人の家庭格差が、もろに出る可能性も否定できない。家庭で授業に参加するには、個室がないと不便であり、兄弟が二～三人いれば、パソコンも受講できる部屋も複数必要になる。

すでに教育環境の格差は、コロナ禍において小・中・高生徒のオンライン授業においても垣間見られた問題である。オンライン授業は、人物オンにし、音声もオンにした場合、兄弟が多かったり、個室をもてない子には、不利に働く。事実、バーチャル背景は可能でも、人物オンにすると、室内環境が映し出されるのを好まなかった例もある。今後、教育のデジタル化により、ＧＩＧＡスクール構想が本格化する際には、家庭環境の格差は考慮すべき点と思われる。

小・中学校段階で子どもの能力に、そう大きな違いがあるとは思えない。あるとすればむしろ、家庭がもつ文化資本の差であろう。端末の受信可能な個室や無線ランの設備、環境等、階級・階層格差、地域格差がもろに出る可能性の問題である。

オンライン方式による教育は、時代の流れになるだろう。となると今後は、教育の技術化・テクニック化もいっそう進む。社会のデジタル化が進むなかで、本来の教育の目標といえる人格的、情操的な教育もどうなるか、課題は多い。

その意味でも本章のはじめにかえって確認しておきたいのは、社会のデジタル化の下での中退のもつ意味の変容である。教育の電子情報化の下で、中退の意味も大きく変わる。通信制に身を置く者にとり、中退は、ただスマホなり、パソコンと向き合う時間が減少するだけである。教員とはもとより、友人、仲間と繋がりが切れるわけでもない。それらとの関係は、とっくに切れている。中退といっても、特定の機関と身を断つ意味が変わっている。ここにも、物象化に伴い本来の意味が失われている現実がある。

匿名性授業の限界

前述したが、通信制ではいずこも中退者が多いと聞く。少しでも中退者を少なくするため、かれらの受講度を調べ、一、二回の講義を受講した後の小テストの受験率をチェックし、受講率の低い学生には、事前に励ましメールを送る。学生一人ひとりの受験率をその都度チェックできるシステムは、さすがに通信制大学ならでは、である。

しかし、現実に各学生に連絡するとき、通信制は人格的な交流が乏しいため、メールも該当者全員に妥当する無機質的な文章になる。一人ひとりの個別具体的な学生像が、基礎データだけではイメージしにくいのだ。

手紙を書くとき、具体像があれば、自然に相手にふさわしい言葉遣いに始まり、本人にふさわしい文体になる。しかし、どの人にも当てはまる文となると、受信しても何ら感情のこもらない文となる。この辺が、非人格的コミュニケーションの難しいところである。物象化された社会的諸関係のもとでの、コミュニケーション不全とでもいえようか。

おそらくもらった方も、何の感情も湧きあがらない文であろう。万人に該当する年賀状のような文面では、相手のやる気を引き出すのも困難である。年齢層ひとつとっても、高齢層にも、中年層にも、若年層にも共通する非人格的メールは、内容空疎なものにならざるを得ない。

通信制大学では、学内の教授会の資料はもとより、すべて情報はインターネットによる。学生にしても新入生用の『学生要覧』などは、大学に来た者は紙媒体も入手できるが、電子情報のみの者も多い。パソコンを所持しない者も多く、スマホでも受信できるとはいえ、学生要覧のような大分な資料をスマホで確認するのは大変に違いない。果たして大学として重要な情報が、どこまで的確に受け止められているか疑問である。通信制にとりデジタル化した情報のもとで、大学に対するアイデンティティはどこから生まれるのか、それもわからない。

新入生の大学に対するアイデンティティは、大学の歴史や先輩の活動、校舎の案内図や施設、立地場所、学生要覧等の説明から次第に形成される。こうした情報を一度も確認することのない学生にとり、自分の大学へのアイデンティティがどのように形成されるのか、気になる。

いずれにしても、こと教育の世界でも当事者（生徒と教員、聞くものと話すもの）どうしの関係性もみえないものと化していくのがこれからの主流になるのだろうか。コロナという感染症の偶然の発生が、教育界でも生徒と教員というリアルな関係を革新し、やがては起きるバーチャルな関係にいっきに置き換えたということなのだろうか。

五章　現代はどこに向かうのか

1節　合理化による非合理化

人の姿がみえない

前に「人新世」について言及した。これは、地層に着目した区分けである。洪積層や沖積層等、地球上の火山や動物は、活発な活動や生息の時期に応じて遺物が堆積し、地層が形成される。それでいうと人類は、産業革命以降、自然に循環しない数多くの消費物を産みだし、とくに近年は、ペットボトルやプラスチックの破片等が動物や魚の死骸からすら確認され、これらが堆積されれば、いずれ人類が自然を含む地上の一切を支配した時代として、記憶されるようになる。

この地層に注目した時代区分と異なり、日本ではこのところソサイエティ5.0ということがいわれる(内閣府)。この区分は、人類の使用する道具に注目した時代区分である。狩猟漁労のソサイエティ1.0の時代から、農業の時代ソサイエティ2.0を経て、工業の時代ソサイエティ3.0へ、そして情報の時代ソサイエティ4.0を経て今後は、AIとデジタル時代のソサイエティ5.0を迎えるとする。

情報の時代は、パソコンと通信の時代であったが、ソサイエティ5.0は、サイバー空間(インターネット空間)とフィジカル空間(現実空間)を結びつけ、AI、デジタルを主動に、時間と空間の制約を乗り越える新しい社会の到来といわれる。そこでは人は、自分に寄り添う複数のアバターを使用し、自分のいる空間も時間を超えて、国内外の行きたいところに行き、みたいところの過去、現在、未来を行き来し、思考し、見聞できるとされる。

ソサイエティ5.0の基本は、AI、ビッグデータ、ロボティクスの組み合わせなので、関連領域は、本書でも取り上げた軍事、医療、教育を含め社会のあらゆる分野に及ぶ。

ソサイエティ5.0は、個と社会の調和に基づく超スマート社会の到来という(日立東大ラボ)。しかしどこかで歯車が狂うと、モノどうしの連鎖社会は、ほとんど予測不可能なリスク社会ともなる。将来がスマート社会であって欲しいとは願うけれど、この世界につきものの偶然性を考えると、リスク社会化の方が現実的と思うのは、筆者だけだろうか。

人間は、モノをつくる性《さが》をもつ動物だといったが、モノをつくるには、道具が必要である。人間とは、より正確には道具をつくる動物である。原始時代の道具は貧弱だった。生きるために食べなければならず、食べるには木の実から動物に至るまで、採取・捕食の道具がなければならない。これらの手段としての道具の改良は、他の道具の改善にもなるから、かくして人類は、最高度の技術と文化をもつに至った。

こうした道具の改良を、科学では効率性、合理性の追求という。道具は、いったん誕生すると、効率原則により改良に改良を重ね、合理化、近代化されていく。合理化・効率化の向上は、当然にモノをつくる生産力の向上につながり、これとともに生産関係↓社会関係↓人間の行為の在り方が変わる。

その結果は、本書でみてきた通り人と人との関係が、モノとモノとの関係に代わり、合理化の行きつく先は、人との関係に関わらないモノどうしの関係、すなわち物象化された諸関係にとって代わる。合理化の行きつく先に、人のみえない・必要ともしない非合理性が待ち受けている。人間は、道具をつくる動物であったが、近い将来に見え隠れするのは、道具をつくる人も必要としない社会の到来である。デジタルツインなりアバターが相互に操作し合えば、人はいらない。極限の合理化としての非合理化である。

領域固有の法則性

この合理化の帰結は、本書でこだわってきた別の次元からも解ける。社会の各領域には、固有の法則性が脈うっている。経済には、資本主義経済固有の法則性が貫き、宗教界には、神なり信徒並びにその媒介役を果たす神父や僧侶と信仰集団の間に、宗教界固有の原理・原則、転じて規則性が貫いている。経済と宗教の接点には、互いに妥協を許さないような緊張関係がある。資本主義経済の本質は、冷酷な利害・打算の原理であり、自分が生き残るためには、相手の没落こそ、至福である。他方、宗教倫理の前では、人を選ばぬ無制限な愛こそは、理想である。他者は、自己の目的実現のための手段ではなく、同じく救済される同胞である。

各領域に固有法則性が貫徹している例に、われわれは近年、忘れ難い経験をしている。それは、経済活動かコロナ感染症対策の徹底かという二者択一に投げ込まれたときである。コロナを終息させるためには、あまり出歩かずに、他人との接触を控えて、一定の期間、家にいることが感染症を封殺するのにいいことは、わかりきっている。他方、これまでの経済生活を維持し、豊かな消費活動を支えるためには、通常通りの経済活動が必須なことも明らかである。感染症から身を守る医療と、日常的な経済活動には、固有領域ごとに独自の原理・原則が貫徹しており、妥協なく対立している。二つの神に等しく仕えるのは、困難である。

生殖補助医療の世界で現在進行している革新は、生殖領域に貫徹している固有法則性の発現であり、今後とも進歩が尽きるまで、進行するに違いない。不思議な話だが、それは人間の幸福とも切り離された形で進行する。医療は、人間の苦を和らげ、生命を蘇らせるものではあるけれど、ときにはそれに矛盾する動きもあり、これらの動きは誰にも止められない。生殖補助医療にも、医療独自の法則性が貫徹している。

二〇世紀を代表するイギリスのＳＦ作家Ａ・クラークは、こんにち、先端技術の世界で起きていることは魔法と同じと述べた。たしかに、カーソルを移動するだけで思うままの線や円ができる技術・わざは、魔法そのものである。

生殖医療にも同じことがいえる。体外受精や人工授精、代理出産等、現代の医療ではなんでも可能である。しかしなま身の人間から切り離されたとはいえ、精子も卵子も、単なるモノではなく、将来人間になる可能性を秘めた特別なモノである。どちらも半分の人としての人格性を帯びている。

しかし将来、ｉＰＳ細胞を用いて精子や卵子を創り、生命を誕生させることが可能になると、特定の人間から切り離された精子や卵子問題は、クリアされるかもしれない。すでに動物実験のあいだでは、iPS細胞により精子も卵子も作成し、新しい生命が生まれている。しかし人間の場合、成長後は人になるという問題が、依然として残る。

これらの作業は、以前、ES細胞によりなされていた。ES細胞の作成には、受精卵を使用するため、中絶と同じ罪悪感がつきまとった。胚といえども、小さな人間としての命の選別にかかわる一種の殺人と同じとして、である。

しかし医学の進歩は、iPS細胞を生み、これなら同一人物の体細胞を使用して当人どうしの遺伝子を残すことができる。子宮と同じ機能を有する機器が開発されれば、人の子宮を借りることなく人間を生育させることもできる。体外受精を実践し、いちじ日本産科婦人科学会を除名された根津も同じようなことを述べている(根津、2004, 243)。

これらが達成可能なのも時間の問題だろう。人の誕生には、人格的な関係ともいえる性行為が必要だといったが、ES細胞やiPS細胞による人の誕生は、まさに究極の非人格的にして物象的・事物的(versachlich)な形での子の誕生を意味する。人類史が、人格的な関係から物象的な関係に漸次移行するという歴史観は、こと生命の領域にもいえる。

しかし他のモノと異なるのは、そうした技術により誕生しても、生まれいずる者の悩みを背負って生きるのは、人としての子どもなのである。その出生の重さを親が取って代われないところに、実存は本質に先立つとする人間存在の神秘性とその非合理性がある。この人間存在の神秘性に挑戦しているのが、近年の技術革新である。これらの試みは、どこまで許されるのか、まだ答えは出ていない。

2節　社会の物象化の帰結

人間科学のパラダイム革命

パラダイム転換というロジックがある。科学史家クーンの造語である。一六世紀、天体の中心は地球で、その周りに太陽、月、そのほか惑星が配置される形で、天体のパラダイムは説明された。しかしコペルニクス以後、天体学の発展は太陽が中心となり、その周りを地球や月等の惑星が回ることで説明され、パラダイム転換が行われた(野家、42-46)。

これでいえば人類とは何か。従来の科学では人は、モノを作り、かつ作ったモノを道具として使用する動物であった。主体はヒトであり、客体はモノであった。従来の科学では、パラダイムの中心はヒトであり、そのヒトの使用するモノが従属物であり、ヒトの使用するモノの世界の解明が主であった。

しかし、現在進行しているＡＩや生殖医療の世界は、ヒトからモノが自立化し、モノの論理がヒトを支配し始めている。コペルニクスにより、地球中心から太陽中心への巨大なパラダイム転換がなされたように、人間もホモ・ファーベルとしてのホモ中心のパラダイムから、ファーベル中心の、ファーベルに従属するホモとしてのパラダイム転換の状況にある。

このようなパラダイム転換がなされるときは、従来の必然性中心の思考から偶然性の役割も取り込めるものである必要がある。従来のパラダイムなり歴史観は、必然性が中心となり構築されてきた。代表的には、マルクスの歴史観がそうであり、ある時代なり歴史的な現実発生の背後には、それなりの物的必然性があって生じたものと理解される。

しかし歴史に果たす必然性同様に、偶然の果たす影響も無視できない。いい例は、現在経験中のコロナ禍である。コロナの発生は、偶然であった。環境破壊が主因であったとしても、二〇一九年後半なり、二〇二〇年初期に発生したのは、偶然である。しかしこの偶然の災厄が、国民の生活や仕事、学生の授業や対人関係を大きく変えたのは間違いない。かつ一度変わると、災厄が収まっても、この機に広められた生活様式なり手段は、ニューノーマルな現実としてその後の社会生活にも大きな影響を及ぼす。

一例を挙げれば、社会的距離を保つ生活や在宅勤務の定着、リモート授業の採用等である。発端は、偶然的事件によるが、その危機を乗り越えるために採用された方法は、長らくその後の生活様式をも支配する。新しいパラダイムは、必然性のみではなく、偶然性をも取り込んでいくものでなければならない。アブノーマルな事態も長期な日常生活のなかでは、新たなニューノーマルとして共存していかなければならない。本書との関連でみても、戦争に自律化する兵器が使用されたり、生活のすみずみにＡＩの果たす役割が重要性を増す時代には、予測不可能性も増す。

主役はモノ化する

ＡＩに囲碁のプロ棋士が敗れた。柯潔《かけつ》九段の泣く姿が画像に映し出された（『日経新聞』二〇一七年六月一六日）。将来、ゲーム界のトップが、ＡＩにとってかわり、人間はＡＩの対決をみる側に追いやられるのではないか。囲碁にしろ将棋にしろ、人が名人戦に興味をもつのは、当代の最高実力者どうしの闘いだからだ。それが、ＡＩの二番手、三番手になったら、棋聖戦や碁聖戦にこれまでの高揚感が期待できるかは疑問である。多くの領域でトップの座をＡＩに明け渡すとなると、人間どうしの挑戦は二軍化し、むしろ人間は実践する側ではなく、観察する側に回るのではないか。主役がモノになるのだ。

生殖補助医療の世界でも、主役が交代しつつある。前述したが、役変わりをさせたのは、一九七八年に体外受精が可能になってからである。それまで受精は、女性の子宮以外では不可能だった。ということは子どもの誕生には、当事者どうしの人格的な行為が不可欠であった。また息子夫婦に子どもがなく、過去、孜々営々と存続してきた家系も崩壊寸前となり、義父と嫁との間ならかろうじて家系をつなぐ展望がもてても、想像上のことに過ぎなかった。

これらを可能にしたのが、生殖補助医療の体外受精である。当人どうしは、直接の交流なくして、結果的に空想の世界でしか手に入らないことが、現実に可能になったのである。双方、当事者から引き離された精子も卵子も一時はモノとなる。しかしそれらのモノは、シャーレのなかで結合され、物象化されたモノから人格性を帯びた生命の萌芽によみがえる。その生命の萌芽が、今度は母体に戻される。

一〇か月後、新しい生命は、父を通り越し祖父にも母にも似た生命の誕生である。口外しなければ、普通の親子と同じである。親に似ないリスクは、可能な限り防げる。生殖補助医療の、新しい家庭や家族関係の主役は、今後、特殊な意味でのモノになる。

結果は姦通と同じだ、現時点ではあまりに結果が生々しい、動物ならいざ知らず人間にはすべきではない等々、白熱する議論の主役は、人体から切り離された一時的とはいえ特殊なモノになっている。ときに近代医学の輝かしい成果と褒めそやされ、ときに目を背けられるさまざまな組み合わせを可能にする正体は、人体から切り離されたこの特別なモノなのだ。

科学技術振興機構が進めるムーンショット目標（後述）でも、現在自分に付き添うアバターにしろ、デジタルツインにしろ、主役は人からモノに代わりつつある。今後より一層のハイテク化が進めば、命の有限な人より、無限なロボティクスの方が、はるかに優位な位置に立つ。主役はモノ化する。人格的なモノから物象的なモノが自律化する。

現代とは何か

現代とは何か。簡単なことが難しくなり、もっとも難しいことが簡単になる、そんな時代の到来である。昔は、食べ物にもこと欠くのに、子どもは多かった。しかし、いまは少なく、最新の生殖補助医療による支援が必要な時代である。

家庭の人間関係もしかりである。子どもがどんな友人をもっているかは、電話のない時代、遊びに来る子が友人だった。電話が普及しても、固定電話の時代は、子どもがいないとき親と話す子が友人である。しかし現在、各人が各人個別の通信手段をポケットに忍び込ませている時代、子どもがどんな人と交際しているかは、親もわからない。「オレオレ詐欺」は、まさに現代の家庭のスキをついている。

地球の反対側に住む人と話すことは、以前なら考えられないことだった。現在は、隣人と話すのと同様、容易になった。スマホは、近間の人への無関心、遠くのものへの関心を助長する。歩道を歩くときも、電車や乗り物のなかでも、近間の人には無関心であり、遠くの友人・情報との交信を望む。こうした日常生活での近間のモノへの無関心な態度が、教育の世界でも通信制教育を支える心的エネルギーになっている。

これまで社会のなかで変化の著しい領域として、AI兵器、生殖補助医療、通信教育の三領域を取り上げてきた。これらの領域には、共通するものがある。それは再三述べてきたが、社会とは人と人との関りからなるが、すでにモノとモノとの関りに代わりつつあることである。

この点で注目すべきは、科学技術振興機構が推奨しているムーンショット目標である。本構想は、二〇三〇年までと二〇五〇年までに分かれ、前者の目標は、一人一〇体以上のアバターを使用し、一〇体そのものを一体と同等に使いこなす技術や能力を目標にしている。そのうえで五〇年までにアバターとロボットを組み合わせ、人間固有の身体、脳の制限から抜け出て、空間と時間の制約からの解放を目指している(「イノベーション会議」、2)。

どこまで実現可能かはわからないが、実現すればパソコンやスマホの画面上でカーソルを移動させるだけで思い思いの図を書いたり、画像を引き出す芸を自分の身体でも実現させることになる。

このような社会では、これまでの人と人の関係は、まさに人とアバターとの、アバターとアバターとの、ロボットとロボットの関係に置き換えられ、社会関係の実態が、まさしくモノとモノとの関係になる。生身の人間は、消えている。究極の物象的社会関係の出現である。

ロボット研究の第一人者石黒浩は、ロボットが精巧になればなるほど、人にますます寄り添う「人間に似た意識を感じ」させるパートナーになる、と述べている(石黒、52)。しかしパートナーとしてのロボットは、人間には似ていてもあくまでもモノであり、パートナーに認められればられるほど、社会的関係もモノとモノとの連関としてそれだけ拡大・強化される。

経済学が、産業革命を転機に交換されるモノが増え、自分の意のままにならない生産関係や資本の動きの解明から生まれたとすれば、社会学は、社会が成熟し行為の選択肢が増え、人々の複雑な行為の「思念された意味」の解明を目指して生まれた。とすれば、行為者の意味解明の目標からすると、アバターやロボットとの諸関係からなる二〇~三〇年先の社会は、どのように評価されるべきか。

そのうえでこのような物象化につきまとうのが、管理化、いや正確には監視化である。ＡＩ兵器が徹底的な監視下にあることは多言を要しまい。比較的肯定的にとらえられるＡＩ自動車も、一般に普及後は、のんびり、気晴らしに、自由に行きたい所に行くのではなく、すべてはあらかじめ記憶されたデータに基づいて、走行することになる。車体の内外に取り付けられたセンサーから得られた情報を瞬時に解析し、無理なく、ムラなく、狂いなく走行するということは、自由な気晴らし的運転も許されないということだ。コード化された自動車は、もはや道に迷う自由すら奪われており、管理を通り越し、徹底的に監視下にさらされることになる。

放送による授業も同様である。話す側の主観的な思いは可能な限り封殺され、客観的な知識の伝授のみが重視される。これらは、管理を通り越し、監視とさえ思われるほどである。受講生側も、画面上の人間が本人か否か徹底的に監視される。

人の姿のみえない徹底的な物象化と管理化による監視社会化が、デジタル社会の未来を待ち受けている。

教育の場から人格的な関係が崩壊し、物象化が進むもとでは、教育そのものも人の育成や知識の教授ではなく技術の伝授と化す。教育とは、もとはドイツ語でErziehung《エアツーイング》と書くように、自らの身体にねむる潜在的諸能力を「引き出す」ことだった。前出の独英辞典によるとziehen

には、もちろんpull, drawが、真っ先に出てくるが、breed, cultivateも出てくる。教育とは、雛を「育て」、かつ豊かな土壌に「耕す」がごとき行為を指す。

エドテック（Edtech）とは、いいえて妙である。教わるのは、人の内面にねむる諸能力への気づきではなく、知らない知識の外部からの注入である。そこでは、教育内容は大きく変質し、知識は技術、正確にはテクニックに変わっている。

この先、テキストがデジタル化され、子ども期から電子書籍を読み、漢字や英単語も端末で回答するとなると、いわゆる学力が形成されるのかどうか、疑問である。電子化で脳が進化することなどありえない（酒井、172）との、脳科学者の警告を聞くにつれ、現代が大きな転換期にあることを知る。

道具としての教育先端技術を否定するつもりはないが、若い時期からデジタル本を読み、わからないことはグーグルで調べ、レポートや文章も文字や漢字を選択しつつ仕上げても、果たして真の学力なり思考力はつくのだろうか。タッチペンでも字は正確に書けないと、キュビナ（Qubena）のような学習教材も読み取れないというけれど、タブレットがなければ、何もできないということになりはしないか。

またエドテックの説明に、Life is Techとある。ライフは、ドイツ語ではレーベン（Leben）であり、生活、人生と同時に、生命でもある。ということはエドテックとは、生の技術化であり、いのち・生命・生活の管理化、監視化でもある。タブレットは、いまや個人情報の宝庫である。

3節　車による生活世界の植民地化

未来は監視下にある

未来は、官僚制下のもとにある。将来社会をこう看破したのは、いわずもがなウェーバーである。二〇世紀を知らないで死んだマルクスは、高度に発展する技術とそれにより作り出される無限の富に期待を込め、もはや富により区別される階級は消滅し、最高度に発展した技術の制御(計画性)を人類が獲得すれば、物象性に依拠する社会は克服可能とみた(本書一章2節参照)。

一方、二〇世紀前半を生きたウェーバーは、最高度に発展した技術の制御には、専門知識で武装したテクノクラートを必要とし、一握りのテクノクラートによる管理、すなわち「専門家による民衆の統制」という、「人間による人間の支配」は、見通しうる限り根絶することができなとみた。現下のところ、どちらの警告が事実に近いかは、明らかであろう。ウェーバーの警告には、官僚制による管理化ということで、こんにちわれわれが直面している監視化の一歩手前まで来ている。

現代社会の監視化を考えるうえで見逃せないのは、ジンメルである。ジンメルは、マルクスやウェーバーのように明確な歴史観は展開しなかった。展開しようにもそれを語れば、複雑多様な歴史の軌跡を単純化するに過ぎないと思われたからである。にもかかわらずジンメルには、プライバシーの守られる空間の誕生を多様なものが生成することにより初めて可能になる、歴史の進歩とみる視点があった。

ジンメルはいう。「秘密」の確立は、「人類のもっともすぐれた偉大な達成のひとつである。幼稚な状態においては、あらゆる考えがたちまち言いあらわされ、あらゆる企てがすべての人の目につきやすいが、この状態に対して生活の途方もない拡大が秘密によって達成される」（ジンメル、1994上、371）。

ジンメルは、社会関係を最小単位としての二人関係からみるので、「秘密」と呼んでいるが、拡大された社会関係のもとでは、公的空間との比較で秘密は、プライバシーの領域、私的空間ともなる。人間の成長もそうだが、未成熟の段階では、赤子は親にすべてを知り尽くされ、秘密発生の余地すらない。社会もそうで、個が成立する以前の段階では、個の秘密を保持しようにも、個の意識すら未発展である。個の成長には、社会の成熟を必要とし、プライバシーの成立は、社会成熟の分度器である。

私権なり、私的空間、プライバシーの領域確立は、社会が複雑に発展し、多様化した証である。近代以前の社会には、私的、公的領域を分かつ境界すら存在しない。仕事と生活の領域が空間的に分離することにより、より多くの人にかかわる公的空間もさすることながら、私的空間の尊重が、社会の成熟を示すと考えられるようになる。しかし、ようやく尊重され始めた私的空間、私ごとに関することも、技術の絶え間ない進歩の前に、崩壊の兆しがみえている。その元凶が、近年のＡＩによるデジタル化なのだ。

生活世界の植民地化

筆者が生涯目にした身近な技術で、車ほど社会を変えたものはない。少年時代、人口一万人ほどの東北の片田舎町にあった車の総数は、一～二台でそれも作業用であった。一日に車を目にするのは、よほど好運なときであり、ほとんど目にしなかった。しかし社会人になり仕事をする頃になると、日本の車の普及率も世界に冠たるものとなった。車の普及に伴い、日本人の行動様式も大きく変わる。

車はまず、人々の行動を徹底的に個別化する。車が人々の生活領域に入り込む以前は、仕事が終われば、連れ立って帰途についたものである。当然、居酒屋の前を通れば、チョットいっぱい、となる。飲まないにしてもバス停や最寄りの駅まで、話も弾む。

しかし、こうしたすべての行為を車は解体した。車は、個々人の行動を徹底的に「私化（わたくしか）」する。車では、一緒に連れ立って帰ることも、話しながら並んで帰途につくこともできない。車は、共同行為をしようとする者たちのなかに割って入り、分解するのみならず、行為を個別化、私化する。

車はまた、生活の仕方や居住形態をも一新した。通勤者の居住空間は、たいていは駅から遠いところにあり、徒歩で最寄りの駅から帰る者やバス待ちの人のため、どの駅前にも商店街があった。しかしマイカーは、この駅前の光景をも一変させた。最寄駅から徒歩で帰る者も、バス待ちで駅前をぶらつく者もいなくなったのである。

それゆえ駅前商店街は、シャッター通りと化し、その波は町の中心街にも及んだ。人は、談笑しながら歩かなくなり、生活必需品は、週末に郊外のスーパーでまとめ買いをするようになった。その方が、一カ所ですべて手に入り、かつ駐車場確保の点でも便利なのである。かくして車の普及とともに小売店も崩壊した。自動車による、空間と時間の再編に伴う旧来都市構造の解体ともいえることが起きたのである。

しかしこの便利な車は、みかたを変えれば、徹底的に現代人の生活世界を植民地化した（フェザーストン他、328）。狭小過密な都市で車をもつとなると、マイホームにもそれなりの空間を割かなければならない。車がなければ、狭いなりにも草花やトマトの栽培くらいは楽しめるのに、コンクリートで固めなければならない。便利さを優先するには、子ども部屋や自分の部屋を犠牲にしても、車庫だけは確保しなければならない。車とは、乗ればのったで経費がかさみ、利用しなければこれまた維持費がかさむ。まさに車による、生活世界の植民地化と呼ぶにふさわしい。

AI自動車の意味するもの

この車による生活世界の植民地化から、ようやく解放される展望がみえ始めている。ＡＩ自動車の登場である。ＡＩにより自動車の操縦が可能になれば、みてきたような個々人の生活領域を侵犯してきた自動車による呪縛から解放される。人は、仕事のあとも連れ立って帰ることができる。途中、飲みたかったら飲んでもいい。飲み屋を出たところで、ＡＩ自動車を呼べばいいのだ。自宅前で降りれば、自動車は共同駐車場に自動で戻る。

居住空間を犠牲にしてまで設けた駐車場など、一人ひとりで維持しなくてもいい。買いものに行きたいときや仕事のときに、自動車を呼べばいいのだ。自動車に乗っている間も、飲みたければ飲めるし、スマホやテレビをみ、ゲームもやれる。

何よりもどの家も、判で押したように貴重な居住空間を割き、車を各家で保持する無駄から解放される。車の一生からすれば、稼働時間より休眠時間の方がはるかに長くとも、一軒ごとに保有する資源と空間の浪費、無駄から解放されることは、地球環境からも好ましい。

ハラリによれば、現在世界には一〇億台以上(二〇一〇年)の自家用車が走っているが、自分の乗った後、次の客に利用されるようになれば、世界でも五〇〇〇万台ですむという(ハラリ、2018下、230)。大変な資源の節約である。

車につきものの交通事故や交通渋滞からも、解放される。交通事故の原因には、大きく三つあるという。一つは、自動車の走る道路環境、二つは、自動車そのものの機器に起因するもの、三つが、本人の運転によるものである。このうち事故は、人間の運転によるものが九四%にも及ぶという(トロンナムチャイ、12)。AI化により、運転が人から電子頭脳に代わることにより、無になることはないまでも、大きく減少することは間違いない。

また交通渋滞も、原因は、車の「減速による連鎖」(同、14)が原因という。一定のスピードで走っている限り、渋滞はかなり防げるらしい。AI化すれば、どの道を選択すれば混雑回避ができるか、瞬時に判断し、それを避けて通ることも可能になる。AI化により、車につきもののこの二大宿痾《しゅくあ》から、人はようやく解放されるかもしれない。

透視される私事空間

しかし代わりに人は、徹底的な監視下に身をさらすことになる。自由気ままな気晴らしの運転とは、お別れになるだろう。AI自動車には、車の周囲を監視するカメラやレーダー、レーザースキャナーなど各種センサーが搭載され（同、26）、記録される。これらは、すれ違う相手の車にも記録され、かつ何かことが起きれば、すべて開示される。AI自動車の一般化は、車の自律化であるが、同時にそれは、人の管理システムへの従属化、監視下を意味する。

同時にAI自動車は、車から人格性のすべてを剥ぎとる。先述したが車は、人が動かす以上、間接的であろうと、運転者の個性を表す。性や年齢、初心者、ベテラン、性急な人、慎重な人等、車の運転はその人となりを表現する。

しかしAI化されれば、これらの個性はすべて消失し、AI搭載車の規則、データ、センサーの指示通りの運転となる。その限りでAI搭載車は、人のいかんを問わない無機質的物体と同じになる。産業革命以降、特定の人の作ったものが、その人の個性を喪失し、具体的な人と人との関係がみえなくなり、モノとモノとの関係と化すことを、当時の思想家たちは社会関係の非人格化、物象化と呼んだ。その意味でＡＩ搭載車どうしの車の関係は、物象的な関係そのものになる。

考えてみれば、こんにち先端技術に浴する人は、ことごとく物象化と監視化というコインの表裏の関係に立たされている。

近代戦争、生殖補助医療、通信教育は、その典型である。現代の戦争は、敵どうしはもはや相対さない。お互い、敵にどのくらいの人がおり、兵士、民間人の構成がどうなっているかはわからない。ただ敵陣の中枢と思われる領域に、ミサイルなり、兵器を着弾させるのである。すべてが、コンピュータ化されているもとでは、情報を攪乱させるため、ウイルスなりサイバー攻撃も行われる。人に関わらないという点では、物象化そのものであり、ミサイルなり、サイバー攻撃がなされる限り、監視下されていることにもなる。

生殖補助医療の世界も、物象化、監視化を地で行く世界である。誰しも精子も卵子も他人にみられたくない。生理や排卵の周期など、人に知られたくない領域に属する。しかし、体外受精をするには、すべて専門家なり医療関係者の管理下・監視下にゆだねなければならない。精子も卵子もいったん特定の個人から切り離し、モノとしての計算可能性と管理・監督にかけなければならない。そうでなければ、成功はおぼつかない。

通信教育も、学生が対面するのは映像上の講師であり、講師本人ではない。講師と生徒には、直接会話ができない物理的壁がある。また学生は、試験を中心に徹底的な監視下にさらされる。なりすまし受験を防ぐ点からも、映像カメラを作動させることが求められる。

こんにち監視下は、より身近な所にまで迫っている。通販で本を取り寄せれば、パソコンを起動するたびに類似の本が紹介される。気になる映像をクリックしただけで、次回から類似の映像が送られてくる。たしかに個人の行動は、監視されている。これらの細部の情報が、個人格として統合されたとき、本人が何を考え、どんな行動をとる人間かが割り出される。

世界の人々をネットで結びつけ、ビッグデータを解析し、個々人の嗜好と行動を予測する資本主義社会を、監視資本主義としてこれまでの産業資本主義と区別したのは、ショシャナ・ズボフである。監視資本主義にとり価値あるのは、剰余労働でもなければ、他人の労働力でもなく、「スマートフォンから家庭用デバイス、街路、カメラ、車に至るまで」生活のあらゆる領域からセンサーを通して集められたデータであり、その統合である（ズボフ、235）。

監視には、犯罪予備の響きがある。スーパーで盗みを物色中の不審者の割だし、不幸にして犯罪後の犯人の足跡追及等、監視は、社会の安全性を担保するためのやむを得ぬ措置と取れなくもない。しかし、近年の技術は、監視を通り越し、すべての私生活を丸ごと写し取られる怖さを感じる。人の心は読めないものだが、あえて読み解く技能は透視術といわれる。このまま技術が進行すれば、監視を通り越し、すべてを丸ごと写し出す透視社会の到来となる。

しかもこの透視は、子どもも無縁ではない。経済産業省の「未来の教室」や文部科学省のGIGAスクール構想からもうかがえるように、子どもの学習経過は、すべて端末を通して関係者に透けてみえる。どの生徒がいつ何をし、何を考えているか、一目瞭然である。それゆえ教員やLA（学習情報分析、Learning Analytics）専門員には、立場上知りえた学習データの取扱いに、守秘義務等細心の注意が課されている（「学術データ利活用提言」）。透けてみられるのは、端末上ばかりではない。

教育並びに学校のDX（Digital Transformation）化が進めば、学校のどこかにモニターを置くだけで、教室はもとより校内の子どもの様子が把握できる。すでに民間は、ランドセルにICタグを入れるだけで校門の出入りがわかるサービスを保護者に行っている。このような状況のなかでの暮らしを快適に思うか否かは、人によってわかれるだろう。

体制維持装置として先端技術

一九九〇年、ベルリンの壁が崩壊したとき、同じような封鎖型社会主義は、インターネットや携帯電話の普及に伴い、連鎖的に崩壊するのではと思われた。しかしその見通しは、甘かった。西側の情報や電波は、阻止されても、スマホまで国家により統制・監視されるとは思わなかったのである。

しかし現在、スマホやパソコンは、権力者にとっても異端を監視する最適の機器に使われている。必要ならば、誰がどんなとき、誰と接触し、何を話したかを限りなく追及することができる。ときには、通信網の張り巡らされている区域なら、当人の姿までキャッチできる。スマホは、時間と空間の制限を乗り越え、新しい時代の人との接触を可能にしたが、権力側によっては、逆らう者を発見する強力な武器にもなる。

スマホが、こうした個々人の位置情報や接触相手まで、割り出す機能をもつことを教えてくれたのは、ここでもコロナ禍においてである。ココアを入力していれば、誰がどこで誰と接触していたか、位置情報がわかるのだ。ときの権力者が、こうした確認方法を、操作することはたやすい。反対に知られたくない情報は、アクセスできないようにすることも簡単である。

のちに東京オリンピックでは、海外からの訪問者にＧＰＳ (Global Positioning System) 内蔵のスマホによる、訪問箇所のチェックもとりざたされた。

一時、先端技術は民主化の担い手にまで思えたが、いまでは体制維持のもっとも強力な手段にみられている。北朝鮮の存在が、先端技術が体制維持に貢献していることを見事に示している。ハラリは、まさにこうした事態の到来をデジタル独裁制（ハラリ、2019, 91）と呼んだ。

合理化による人と人との関係の物象化、並びに管理化の徹底による監視社会化は、まさに今後の二大問題である。その限りでいっそう合理化の進む未来社会は、リスクを帯びる。リスク（risk）とは、危険（danger）と異なり、起きるとも起きないとも予測不可能な状態を指す。古典的な概念で示せば、恐怖と不安の関係に相当する。恐怖は、対象がはっきりしているが、不安は対象そのものがはっきりしない。

社会関係の技術化が、いまのような形で進行すれば、未来の対人関係は予測不可能なリスク状態に置かれる。それは迫りくる対象のはっきりした危険ではない。危険は、可能な限り予測できる。リスクは、対象がはっきりしない分、予測しがたいのだ。

デジタル独裁制の到来

将来、社会学の対象とする社会関係もなくなる危機にある。人と人との関係が、モノとモノとの関係に置き換えられ、教員と生徒の関係が、通信制に顕著なように教員の発する情報をもっぱら受信する生徒の、人格抜きのモノとモノとの関係に置き代わり、人間の生と死がモノとの関係に物象化され、人間の体そのものが、モノに置き換えられるに及び、社会学が対象とする社会関係も大きく変質する。

通りを歩いてもすれ違うのは、人格性を帯びたなま身の人間ではなく、商品を運ぶ機械であり、AIに操作される自動車であり、ホテルでも頼んだものを運ぶのがAI付きロボットとなると、人と人との社会関係、人格どうしの意味理解を目指した社会学も大きく変わる。

こうした事態の到来をわれわれは、コロナウイルスによる社会的接触を避けた時点で経験済みである。コロナウイルスが、社会問題化されたとき、濃密接触を避けようということで、社会的距離、身体的距離が求められた。このときも、人と人とのかかわりを問う社会学の危機であったが、この危機は、非常時のものであり、恒常的なものではなかった。

物象化による人と人との関係の変化は、非常時に限らず、近代以降の合理的社会の行きつく帰結と結びつくゆえに、提起する問題は深刻である。この傾向が続けば、人と人の関係を問う社会学が成り立たなくなる。物象化としての合理化、合理化としての物象化の帰結である。

いや、こんにちのAI化により従来の科学成立の危機にあるのは、社会学のみならず、法学も例外ではない。法律は、モノをめぐる契約を前提に成り立つ。しかしこんにち商品化されているのは、モノではなく、サービスである（小塚、30）。社会の大きな流れが、モノからサービスへと転換するなかで、法そのものの存立基盤も揺れている。

モノとモノとの諸関係の総体としての社会へ

人類の歴史は、モノから生命が生まれ、そのもっとも高度なものとしての人間になり、その高度な人間が、現在、部品化され、その部品の細部が商品化という物象化、モノに転化する局面に立たされている。資本主義は、すべてのモノを商品化することにより、人間を、人間の種々の内臓をも巨大な形で部品化、商品化することに奉仕した。資本主義は、このテンポを速めるのに貢献した。部品化、商品化という形での物化、物象化が人間の身体、生命の領域でも進行している。

教育のデジタル化は、教育というもっとも人と人にかかわる領域でも、政府が取り組むGIGAスクール構想に顕著なように、小学校の段階からなま身の人との触れ合いは希薄化しつつある。GIGAスクール構想のいい点は、個性の最適化に応じた教育とされ、人と人との関係は、考慮の外にある。

経済産業省主導の「未来の教室」も、教育と技術の融合を目標に、学習の自律・個別最適化を目指しており、各自の能力と関心に応じたテクノロジー（EdTech）による指導の確立を掲げる点で、文部科学省のGIGAスクール構想と同じである。

たしかにこれらのICT機器は、一人ひとりの子どもの能力に応じて個別に対応できる点で、学習上すぐれた価値をもつ。しかし子どもが、社会を構成するうえで必須の対人関係を学ぶ機会は、小学校の下級生段階までで、上級生になり個別最適化教育になると、将来、社会の成員として必要な社会性や協調性、共感、同情、絆等の心情、倫理の育成はどうなるのだろうか。

現在、小学校、中学校の不登校児童生徒が、激増している。二〇一六年頃までは、最大でも一三人万台だったが、コロナ禍直前から増え始め、二〇二〇年は、一九万人台へと急増した。義務教育の時点でインターナショナル・スクール等を選択すると、教育委員会によっては不登校扱いにする所もあり注意を要するが、子どもの数が減少しているのに、この数値である。この先、不登校児童生徒がさらに増えたとき、GIGAスクール構想や「未来の教室」施策は、一律、一斉教育の打破、不登校児童生徒の教育を受ける権利保障の切り札として、学校教育で持ち上げられる可能性がある（「ビジョン」、2）。オンライン授業で出席扱いになれば、不登校児童生徒数は劇的に減少する。

もとより筆者とて、こうした最新の機器による教育を否定するつもりはない。現在の教育が、パソコンもスマホもない時代と同じ教育でいいはずがない。関心があるのは、こうした最新の機器の活用にもみられる近未来の学習の場での人と人の関係なり、その総体としての社会の内実である。

ＧＩＧＡスクール構想や未来の教室等の取り組みは、コロナ禍の下、前倒し的に始まったばかりである。多少現場も混乱しており、性急にその是非を論じる必要もない。学校でいいのは、紙かタブレットなのかに関しては、地味ながら着実な実証研究も出ている。いまは、その成果・動向を注視していきたい（柴田・大村、赤堀）。

ただ、これまでの文脈との関係で注目しておきたいのは、教育という人と人とが密接にかかわる領域をも例外としない、事物化、物象化現象の進行である。もはや子どもたちが接する主役は、教育機器の方になり、子どもと教員や、子どもどうしの人格的関係が後景に退くことである。

変わるのは、子どもたちだけではない。教員は、さまざまな子どもの問いかけ、疑問、反応から多くを学ぶ。子ども一人ひとりがもつ個性との対応から、経験も深まり教員としての力量も高まる。ジンメルではないけれど、教室は、教員と生徒の相互作用が作り出すコラボレーション、実験室である。しかし教室に必須なこのようなコラボレーションも、教育機器に回収されてしまう。教員も教育者としての発信力が、教育機器により摘み取られかねない。

教育の世界とは異なるが、身近な例を挙げる。ごく最近、必要あって金融機関に電話をした。いまはダイヤルすれば人がでるのではなく、すべてが自動化され、知りたい内容や担当課ごとに、数字を押し続けなければならない。操作の最終段階でも人がでるのではなく、あらかじめ用意された回答が音声で流される。それでも用が済まないとき、やっと人がでる。しかしこの人は、電話当番のようなもので、業務に詳しいわけではない。

したがって最後に人がでても、それからが大変である。担当者に問い合わせて、つないでも担当者もわからないことが多い。一般の問い合わせをほとんど機械的音声にまかせているうちに、なまの質問には詰まることが多いのだ。

同じことが、生徒と教員にも起きないだろうか。教員は、多様ななまの生徒の質問に答えることにより、経験豊かになる。多様な質問が機器に回収されることにより、ほかの業界で起きているのと類似のことが教育界でも起きないだろうか。

この意味で近い将来待ち受けるのは、デジタル社会・教育という名の人(教員)と人(生徒)との関係の、記号と記号、数字と数字の物象的人間関係、社会関係の台頭であろう。社会のデジタル化は、何を意味するのか。フロイトは、人間は無意識のなかで自分の不死を確信していると述べた。人間の願望は、過去も現代も永遠の命である。不死身の肉体は、昔からの人間の願望だったが、こんにちそれも夢ではなくなった。

自分の言動をデジタルツインに記憶させ、日頃から訓練すると、自分と瓜二つの行動を行うデジタルツインが誕生するという（ＮＨＫスペシャル取材班、204）。もちろん、なま身の自分とは異なるが、自分が死んでもデジタルツインの方は永遠である。自分の死後も、自分と同じ行動や価値を発信し続ける。人格の究極の物象化された化身が、死後もデジタルツインにより可能な時代を迎えつつある。

相手も同じく自分をデジタルツイン化するので、同じことは他人にも起きる。気がつくと社会が、人と人との繋がる社会が、アバターやデジタルツインどうしの繋がりに徐々に代わる。すでにＩｏＴ（Internet of Things）の世界では、モノどうしがインターネットで結びつき、相互に作用・反作用しつつことが進んでいる。人のみえない社会の到来である。教育の世界でも社会を構成する一端として、人と人との繋がりのみえない学習形態が一般化する。

社会が、人と人との諸関係の総体から、モノとモノとの諸関係の総体としての社会へと代わり、物象的関係の黄金時代が、たしかに到来しつつある。マルクスのほくそ笑む姿が目に浮かぶ。

参考文献

赤堀侃司、2014『タブレットは紙に勝てるのか』ジャムハウス。

浅井美智子・柘植あづみ編、1995『つくられる生殖神話』制作同人社。

浅野大介、2021『教育ＤＸで「未来の教室」をつくろう』学陽書房。

青砥恭、2009『ドキュメント　高校中退―いま、貧困がうまれる場所』ちくま新書。

新井紀子、2018『ＡＩ vs 教科書が読めない子どもたち』東洋経済新報社。

粟屋剛、1999『人体部品ビジネス』講談社選書メチエ。

別冊宝島、2001『操作・再生される人体！』宝島社。

出口顯、2001『臓器は「商品」か』講談社現代新書。

学校教務研究会、2003『詳解　教務必携』第七次改訂版、ぎょうせい。

林真理、2002『操作される生命』ＮＴＴ出版。

半藤一利、2009『昭和史　1926-1945』平凡社。

日立東大ラボ、2018『Society ５・０―人間中心の超スマート社会』日本経済新聞出版社。

日比野由利編、2013『グローバル化時代における生殖技術と家族形成』日本評論社。

日比野由利、2015『ルポ　生殖ビジネス』朝日新聞出版。

平井聡一郎編、2021『GIGAスクール構想で進化する学校、取り残される学校』教育開発研究所。

平井美帆、2006『あなたの子宮を貸してください』講談社。

廣瀬通孝監修、東京大学バーチャルリアリティー教育研究センター編、2019『トコトンやさしいVRの本』日刊工業新聞社。

廣松渉、1983『物象化論の構図』岩波書店。

廣松渉編、1986『資本論を物象化論を視軸にして読む』岩波書店。

ホーン川嶋瑤子編、2021『グローバル化、デジタル化で教育、社会は変わる』東信堂。

家田荘子、1999『産めない女に価値はない？』扶桑社。

石原莞爾、2019『世界最終戦争』新書版、毎日ワンズ。

石原理、1998『生殖革命』ちくま新書。

石原理、2010『生殖医療と家族のかたち』平凡社。

石原理、2016『生殖医療の衝撃』講談社現代新書。

石黒浩、2021『ロボットと人間―人とは何か』岩波新書。

市野川容孝編、2002『生命倫理とは何か』平凡社。

伊坂青司、2015『新版　市民のための生命倫理―生命操作の現在』御茶の水書房。

インパクト出版会編、2009、2010『Impaction, インパクション』インパクト出版会。

『現代世界百科大事典』二巻、1972、講談社。

解説教育六法編集委員会、2020『解説教育六法 2020』三省堂。

垣谷美雨、2021『代理母はじめました』中央公論新社。

加藤尚武、1999『脳死・クローン・遺伝子治療』ＰＨＰ新書。

粥川準二、2001『人体バイオテクノロジー』宝島社新書。

粥川準二、2003『クローン人間』光文社新書。

粥川準二、2012『バイオ化する社会─「核時代」の生命と身体』青土社。

菊池敬一、1985『北天の魁─安倍貞任伝』岩手日報。

北川東子、1997『ジンメル─生の形式』講談社。

金城清子、1996『生殖革命と人権』中公新書。

小林亜津子、2011『はじめて学ぶ生命倫理』ちくまプリマー新書。

小林亜津子、2014『生殖医療はヒトを幸せにするのか』光文社新書。

小林雅一、2015『ＡＩの衝撃』講談社現代新書。

小林雅一、2017『ＡＩが人間を殺す日』集英社新書。

小池隆一・田中實・人見康子編、1960『人工授精の諸問題─その実態と法的側面』慶應義塾大学法学研究会。

広域通信制高等学校の質の確保・向上に関する調査研究協力会議、2018『高等学校通信教育の質の確保・向上方策について』(審議会のまとめ)(本書では、「審議会のまとめ」と略)。

広域通信制高等学校の質の確保・向上に関する調査研究協力会議、2018『高等学校通信教育の質の確保・向上方策について』（審議会のまとめ）〈概要〉（本書では、「概要」と略）。

厚生科学審議会先端医療技術評価部会、生殖補助医療技術に関する専門委員会、2000『精子・卵子・胚の提供等による生殖補助医療の在り方についての報告書』（本書では、「生殖補助医療の在り方」と略）。

厚生労働省、2003『「精子・卵子・胚の提供等による生殖補助医療制度の整備に関する報告書」について』厚生科学審議会生殖補助医療部会（本書では、「生殖補助医療部会」と略）。

「高等学校通信教育の質も確保・向上のためのガイドライン」、2021（本書では、「ガイドライン」と略）。

栗原聡、2019『ＡＩ兵器と未来社会』朝日新書。

黒木登志夫、2015『ｉＰＳ細胞』中公新書。

小塚荘一朗、2019『ＡＩの時代と法』岩波新書。

松田純、2020「なぜいま地域包括ケアか―病院医療の歴史的転換」『生命倫理・生命法研究資料集』V、芝浦工業大学。

三木清、1954『人生論ノート』新潮文庫。

「未来の教室」とＥｄＴｅｃｈ研究会、2019『「未来の教室」ビジョン』第二次提言、経済産業省（本書では、「ビジョン」と略）。

南貴子、2010『人工授精におけるドナーの匿名性廃止と家族』風間書房。

宮嶋淳、2011『ＤＩ者の権利擁護とソーシャルワーク』福村出版。

宮本武蔵、佐藤正英／校注・訳、2009『五輪書』ちくま学芸文庫。

文部科学省、2018『高等学校学習指導要領解説　総則』。

文部科学省、2019『学校基本調査報告書―初等中等教育機関、専修学校・各種学校編』。

文部科学省、2019『学校基本調査報告書―高等教育機関編』。

向井亜紀、2004『会いたかった―代理出産という選択』幻冬舎。

村井実、1979『アメリカ教育使節団報告書』全訳解説、講談社学術文庫。

村上陽一郎、1986『技術とは何か』ＮＨＫブックス。

内閣府、society5.0とは。内閣府ホーム〉内閣府の政策〉科学技術政策〉Society5.0。

長沖暁子編、2014『ＡＩＤで生まれるということ』萬書房。

根津八紘、1998『不妊治療の副産物　減退手術の実際―その問いかけるもの』近代文芸社。

根津八紘、2004『子守うたを奪わないで』郷土出版社。

根津八紘・沢見涼子、2009『母と娘の代理出産』はる書房。

日本弁護士連合会、2007「『生殖医療技術の利用に対する法的規制に関する提言』についての補充提言―死後懐胎と代理懐胎（代理母・借り腹）について―」（本書では、「日弁連補充提言」と略）。

日本学術会議、2008『代理懐胎を中心とする生殖補助医療の課題―社会的合意に向けて』生殖補助医療の在り方検討委員会（本書では、「生殖医療検討委員会」と略）。

日本学術会議、2020『教育のデジタル化を踏まえた学術データの利活用に関する提言―エビデンスに基づく教育に向けて』心理学・教育学委員会・情報学委員会合同　教育データ利活用分科会（本書では、「学術データ利活用提言」と略）。

日本加除出版法令編集室編、2004『戸籍実務六法』日本加除出版。

日本産婦人科学会、2021『精子・卵子・胚の提供等による生殖補助医療制度の整備に関する提案書』提供配偶子を用いる生殖医療に関する検討委員会(本書では、「提案書」と略)。

新潟大学付属新潟小学校初等教育研究会、2021『GIGAスクールに対応した全教科・領域の授業モデル』明治図書。

NHKスペシャル取材班、2020『やばいデジタル―〝現実〟が飲み込まれる日』講談社現代新書。

新渡戸稲造、矢内原忠雄訳、1939『武士道』岩波文庫。

西垣通・河島茂生、2019『AI倫理―人工知能は「責任」をとれるのか』中公新書ラクレ。

西谷修、2019ロジェ・カイヨワ『戦争論』NHK出版。

野家啓一、2008『パラダイムとは何か―クーンの科学史革命』講談社学術文庫。

橳島次郎、2001『先端医療のルール―人体利用はどこまで許されるのか』講談社現代新書。

小田弘美他、2021「バーチャルユニバーシティにおけるキャンパスライフの現状と創造」『東京通信大学紀要』第3号、東京通信大学。

大川周明、2017『日本二千六百年史』毎日ワンズ。

大野和基、2009『代理出産―生殖ビジネスと命の尊厳』集英社新書。

大塚健洋、2009『大川周明―ある復古革新主義者の思想』講談社学術文庫。

才村眞理編、2008『生殖補助医療で生まれた子どもの出自を知る権利』福村出版。

斉藤典明、2021「個人適応型メディア講義の受容性検討」『東京通信大学紀要』第3号、東京通信大学。

酒井邦嘉、2017『脳を創る読書』実業之日本社。

坂村健、2016『IoTとは何か―技術革新から社会革新へ』角川新書。

坂本美枝・松浦真理子・井上健朗、2021「主体的／批判的思考を促す授業の開発に向けて」『東京通信大学紀要』第３号、東京通信大学。

佐久間孝正、1986『ウェーバーと比較社会学―「人格化」と「物象化」の東西文化比較』創風社。

佐久間孝正、2001「『学校教育論』の新時代」居安正・副田義也・岩崎信彦編『二一世紀への橋と扉―展開するジンメル社会学』世界思想社。

佐々木隆治、2018『マルクスの物象化論』【増補改訂版】社会評論社。

佐々木隆治、2018『マルクス　資本論』角川選書。

佐藤昌宏、2018『ＥｄＴｅｃｈが変える教育の未来』インプレス。

瀬川正仁、2009『若者たち』バジリコ。

瀬名秀明、2020『アーサー・Ｃ・クラーク』ＮＨＫ出版。

柴田博仁・大村賢悟、2018『ペーパーレス時代の紙の価値を知る』産業能率大学出版部。

島薗進、2006『いのちの始まりの生命倫理―受精卵・クローン胚の作成・利用は認められるか』春秋社。

清水盛光、1953『家族』岩波書店。

Society5.0に向けた人材育成に関わる大臣懇談会、2018『Society5.0に向けた人材育成～社会が変わる、学びが変わる～』新たな時代を豊かに生きる力の育成に関する省内タスクフォース（本書では、「タスクフォース」と略）。

総合科学技術会議、2004『ヒト胚の取扱いに関する基本的考え方』。

総合科学技術・イノベーション会議、2020『ムーンショット型研究開発制度が目指すべき「ムーンショット目標」について』（本書では、「イノベーション会議」と略）。

田上孝一、2011『経済理論』第48巻第2号「マルクスの物象化論と廣松の物象化論」櫻井書店。

竹内理三、1973『日本の歴史　六　武士の登場』中央公論新社。

多木浩二、2000『ベンヤミン「複製技術時代の芸術作品」精読』岩波現代文庫。

玉井真理子・大谷いづみ編、2011『はじめて出会う生命倫理』有斐閣アルマ。

手島純編、2018『通信制高校のすべて』彩流社。

徳田剛他編、2018『ジンメルの論点』ハーベスト社。

友寄英隆、2019『AＩと資本主義』本の泉社。

柘植あづみ、1999『文化としての生殖技術―不妊治療にたずさわる医師の語り』松籟社。

柘植あづみ、2012『生殖技術―不妊治療と再生産医療は社会に何をもたらすか』みすず書房。

柘植あづみ、2022『生殖技術と親になること―不妊治療と出生前検査がもたらす葛藤』みすず書房。

辻政信、2019『潜行三千里』完全版、毎日ワンズ。

辻村みよ子、2012『代理母問題を考える』岩波ジュニア新書。

堤治、1999『生殖医療のすべて』丸善ライブラリー。

堤未果、2021『デジタル・ファシズム』ＮＨＫ出版新書。

上野千鶴子、2020年『近代家族の成立と終焉』岩波現代文庫。

魚住孝至、2008『宮本武蔵―「兵法の道」を生きる』岩波新書。

歌代幸子、2012『精子提供―父親を知らない子どもたち』新潮社。

山口教雄、2018『あなたのお子さんには通信制高校が合っている!!』学びリンク。

山本宏樹、2021「GIGAスクール2030」『クレスコ』7、大月書店。

上杉富之編、2005『現代生殖医療―社会科学からのアプローチ』世界思想社。

渡部悦和・佐々木孝博、2020『現代戦争論―超「超限戦」』ワニプラス。

米本昌平、2006『バイオポリティクス』中公新書。

吉原直樹、2021「ポスト・オートモビリティのゆくえ」近畿大学日本文化研究所紀要第四号。

『世界』「AI兵器と人類」10月号、2019、岩波書店。

全国定時制通信制高等学校長会、定時制・通信制課程における多様なニーズに応じた指導方法等の確立・普及のための調査研究。


ア・ア・クージン、金光不二夫・馬場政孝訳、1973『マルクスと技術論』大月書店。

アンドリュー・ロウラー、熊井ひろ美訳、2016『ニワトリ―人類を変えた大いなる鳥』インターシフト。

アンデシュ・ハンセン、久山葉子訳、2020『スマホ脳』新潮新書。

ブライアン・クリスチャン、吉田晋治訳、2014『機械より人間らしくなれるか？』草思社文庫。

デーヴ・グロスマン、安原和見訳、2004『戦争における「人殺し」の心理学』ちくま学芸文庫。

エリク・H・エリクソン、仁科弥生訳、1977『幼児期と社会』Ⅰ、Ⅱ、みすず書房。

エリザベス・キューブラー・ロス、川口正吉訳、1971『死ぬ瞬間―死にゆく人々との対話』読売新聞社。

フリードリッヒ・エンゲルス、村井康男・村田陽一訳、1954『家族、私有財産および国家の起源』大月書店。
G. W. F. ヘーゲル、樫山欽四郎訳、1966『精神現象学』河出書房新社。

G. W. F. ヘーゲル、岩崎武雄訳、1967『法の哲学』「世界の名著 35」中央公論社。
ゲオルク・ジンメル、1922,Philosophie des Geldes,Vierte,unveränderte Auflage, Duncker & Humblot（居安正訳、1999『貨幣の哲学』白水社）。

ゲオルク・ジンメル、1992,Soziologie, Suhrkamp（居安正訳、1994『社会学』上・下、白水社）。

ゲオルク・ジンメル、伊勢田耀子訳、1960『学校教育論』明治図書出版。

ジョルジュ・ルカーチ、城塚登・古田光訳、1968『ルカーチ著作集』九、白水社。

ジョン・アーリ、吉原直樹・伊藤嘉高訳、2015『モビリティーズ―移動の社会学』作品社。

ジョン・エリス、越智道雄訳、2008『機関銃の社会史』平凡社。

イマヌエル・カント、中山元訳、2012『道徳形而上学の基礎づけ』光文社。

カール・マルクス、1973-75, Marx-Engels Werke,Das Kapital.Dietz ,Verlag,Berlin（マルクス、エンゲルス全集刊行委員会訳、1968『資本論』一―五、大月書店）。

カール・マルクス、1939, Grundrisse der Kritik der politischen Ökonomie, Europäische Verlagsanstalt Frankfurt（高木幸二郎監訳、1961-65『経済学批判要綱』大月書店）。

カール・フォン・クラウゼヴィッツ、篠田英雄訳、1968『戦争論』上・中・下、岩波文庫。

ケン・ダニエルズ、仙波由加里訳、2010『家族をつくる―提供精子を使った人工授精でこどもを持った人たち』人間と歴史社。

キャスリン・バリー、田中和子訳、1984『性の植民地―女の性は奪われている』時事通信社。

クライソン・トロンナムチャイ、2018『トコトンやさしい自動運転の本』日刊工業新聞社。

マイク・フェザーストン他編、近森高明訳、2015『自動車と移動の社会学』法政大学出版局。

マックス・ウェーバー、1972, Wirtschaft und Gesellschaft, 5.Aufl.J.Winckelmann, J.C.B.Mohr Tübingen〔本稿は第五版改訂版による〕(世良晃志郎訳、1967『支配の社会学』Ⅱ、創文社)。

マックス・ウェーバー、1972, Wirtschaft und Gesellschaft, 5.Aufl.J.Winckelmann, J.C.B. Mohr Tübingen (濱島朗訳、1971「社会学の基礎概念」『ウェーバー　社会学論集―方法・宗教・政治』「現代社会学体系」青木書店)。

マルクス・ガブリエル、マイケル・ハート、ポール・メイソン、斎藤幸平編、2019『未来への大分岐』集英社新書。

ミヒャエル・ファックス編著、松田純監訳、2013『科学技術研究の倫理入門』知泉書館。

ネッサ・キャリー、中山潤一訳、2020『動き始めたゲノム編集』丸善出版。

オラフ・グロス、マーク・ニッツバーグ、長澤あかね訳、2019『新たなＡＩ大国―その中心に「人」はいるのか？』講談社。

レヴィ＝ストロース、室淳介訳、1985『悲しき南回帰線』講談社学術文庫。

リー・M・シルヴァー、東江一紀他訳、1998『複製されるヒト』翔泳社。

リタ・アルディッティ他編、ヤンソン由実子訳、1986『試験管の中の女』共同通信社。

ローリー・アンドルーズ、ドロシー・ネルキン、野田亮、野田洋子訳、2002『人体市場』岩波書店。

ロジェ・カイヨワ、秋枝茂夫訳、1974『戦争論』法政大学出版局。

サミュエル・ウーリー、小林啓倫訳、2020『操作される現実』白揚社。

ショシャナ・ズボフ、野中香方子、2021『監視資本主義―人類の未来を賭けた闘い』東洋経済新報社。

ウルリヒ・ベック、東廉、伊藤美登里訳、1998『危険社会』法政大学出版局。

ヴィクトール・E・フランクル、池田香代子訳、2002『夜と霧』みすず書房。

ユヴァル・ノア・ハラリ、柴田裕之訳、2016『サピエンス全史』上・下、河出書房新社。

ユヴァル・ノア・ハラリ、柴田裕之訳、2018『ホモ・デウス』上・下、河出書房新社。

ユヴァル・ノア・ハラリ、柴田裕之訳、2019『21Lessons』河出書房新社。

おわりに

近年、ハイテク教育の遅れを取り戻すため、これからの課題としてスティーム（Steam）教育の重要性が謳われている。スティームとは、サイエンス、テクノロジー、エンジニアリング、アーツ、マスマティックスの頭文字をとったものである。アーツをリベラルアーツと捉え、文系一般をさすならこれまでの多くの社会系、人文系も含まれるが、コンピュータには取り込めない発想を豊かにするための、狭く芸術や音楽ととるならば、デジタル化される未来社会では、いっそう社会系は貶価《へんか》されることになる。

それだけに本書では、理系で進行している現実を文系のとくに社会系の概念で理解するとどうなるのか、社会系の理論に大きな影響を与えてきた思想家や中心概念を通してみると、今後の人類の歴史はどう展望されるのか、それらを鳥瞰することを目的にした。そのために、当時の社会科学の思想家の見方や考え方にあえて引き付けて、現代をみることも行った。

こうした試みの一環として、社会学者ジンメルに着目したのも本書の特徴である。ジンメルは、デュルケム、ウェーバーと同じ世代に属するが、取り上げられる頻度は前二者に比べてはるかに少ない。具体性を求める社会学の世界では、ジンメルの理論は抽象的に過ぎるからである。それだけに後代の人間には、応用性に富むともいえる。いずれにしろ人類史の方向や社会諸関係の動きを知るうえで、古典なり社会系のもつデザイン力も無視できないと思う。

本書の構想は、いまから二〇年前の、筆者の大学院時代の同僚諸氏との共同研究会にさかのぼる。かれらはすでに、哲学の分野で重要な業績を残しながら、始まったばかりの生命倫理の問題に取り組んでいた。いまにして思えば、当時、最先端の生命倫理についての報告を聞く機会に恵まれていたことになる。以来、いずれ自分なりに取り組んでみたいとも思った。

二〇二〇年が始まると間もなく、コロナ禍にみまわれた。筆者は、外国人問題に取り組んでいたが、とくに子どもの教育に関しては、学校や教育委員会の聞き取りが重要である。三密ばかりか、対面での会話も著しく制約された時期であった。加齢とともに呼吸器系の弱い筆者には、とくにこたえた。調査もできないので、あらかじめ買い集めておいた生命倫理に関する書を読み進めているうちに、本書の構想に行きついた。

もとより、専門分化の進むなかで他の研究領域を侵犯するつもりはない。狙いは一つ、社会科学から遠い領域で起きていることも、社会科学の概念で捉えるとどう理解されるかを示しつつ、科学共通の課題として真理を深めていくこと、同時に、これまでと異なる理論化をすることで、さらなる議論の活性化を図ることである。これらの意図が、どの程度果たされたか、大方のご叱正を乞うしだいである。

本書のような小論でも、さまざまな方から支援をいただいた。伊坂青司神奈川大学名誉教授と松田純静岡大学名誉教授に、あらためて御礼を申し述べる。生殖医療の孕む問題に気づかせてくれたのは、両氏である。とくに松田氏には、原稿ができたところで三章を中心に読んでいただき、貴重なコメントをいただいた。どこまで生かしえたかは心もとないが、厚く御礼を申し述べたい。

本書ができた時点で、二つの研究会で話す機会を得た。一つは、細谷昴東北大学名誉教授から薫陶を得、各地に散らばっている諸氏との社会理論研究会と、もう一つは、庄司興吉東京大学名誉教授主催の新社会構造研究会である。有益な意見を述べられた方々に、厚く御礼を申し述べたい。また本書を作成するうえで、東京通信大学の学部を超えた研究会並びに研究費が、新しい分野の動向や文献収集に有益であった。関係者にお礼を申し述べたい。

出版に関しては、東信堂の下田勝司社長のお世話になった。以前から声をかけていただいていたとはいえ、『副田義也社会学作品集』全18巻を出版中の同社の企画と並んで本書が世に出るのは、有難いことである。そういえば、本書の分析の基礎となったジンメル研究会の発起人は、居安正神戸大学名誉教授と並んで故副田義也先生であった。下田社長とお二人の先生にもあらためてお礼を申し上げる次第である。

人間はモノをつくるという宿命的な性をもつ動物であるが、今後もどこまで創り続けるのか、可能な限り見届けたいと思う。

な行

は行

ま行

や行

ら行

さ行

た行

事項索引

アルファベット

あ行

か行

ら行

人名索引

あ行

か行

さ行

た行

な行

は行

ま行

著　者

佐久間孝正（さくま こうせい）

1943年生まれ

1970年　東北大学大学院教育学研究科博士課程中退

現在　東京女子大学、立教大学、東京通信大学各教授を経て、東京女子大学、東京通信大学名誉教授

著書

『在日コリアンと在英アイリシューオールドカマーと市民としての権利』（東京大学出版会、2011）。『外国人の子どもの教育問題―政府内懇談会における提言』2011、『多文化教育の充実に向けて―イギリスの経験、これからの日本』2014、『多国籍化する日本の学校―教育グローバル化の衝撃』2015、『移民と国内植民の社会学―矢内原忠雄の植民論とアイヌ民族』2019、以上勁草書房。

訳書

M.アンワル『イギリスの中のパキスタン―隔離化された生活の現実』（明石書店、2002）

顔のみえないデジタル社会――戦場・生殖・学校から人が消える

2022年11月20日　　初　版第１刷発行　　〔検印省略〕

＊本体価格はカバーに表示してあります。

著者©佐久間孝正 ／発行者　下田勝司　　印刷・製本／中央精版印刷

東京都文京区向丘1-20-6　　郵便振替00110-6-37828

〒113-0023　TEL（03）3818-5521　FAX（03）3818-5514

発行所　株式会社　東信堂

published by TOSHINDO PUBLISHING CO., LTD.

1-20-6, Mukougaoka, Bunkyo-ku, Tokyo, 113-0023, Japan

E-mail: tk203444@fsinet.or.jp　URL: http://www.toshindo-pub.com/

ISBN978-4-7989-1796-2　C3036　©SAKUMA Kousei